Guerra Espiritual Para los Tiempos Finales

Guerra Espiritual

Para los Tiempos Finales

CÓMO VENCER AL ENEMIGO

Derek Prince

Editorial DESAFÍO

CONTENIDO

PREFACIO

Guerra espiritual para los tiempos finales

La mayoría de las personas cree que el mal es *algo*. Pero en realidad, el mal es *alguien*. A menos que esta verdad sea reconocida, usted y su familia podrían llegar a ser víctimas de este ser.

En la actualidad, observamos el aumento sin precedentes en la historia de una malevolencia a la que pueden atribuirse los fuertes choques que impactan a todo el mundo. Miembros de diferentes comunidades de fe se preguntan si estos eventos señalan el principio de los tiempos finales.

La verdad que tenemos que aceptar es que *alguien*— nuestro adversario— está buscando engañar, desestabilizar, y destruir a las personas y naciones del mundo. Como cristianos, sabemos que hay algo que la Iglesia debe hacer frente a ello. La pregunta es: ¿Qué? ¿Cómo podemos pelear contra este enemigo?¿Cómo podemos ganar esta guerra?

Aunque vivamos tiempos peligrosos, usted y yo no tenemos nada que temer. Hay respuestas; y algunas de ellas se encuentran en este oportuno libro de Derek Prince, *Guerra espiritual para los tiempos finales*.

Derek no vacila cuando retira las cortinas tras las cuales se escondía el maligno. En este libro, Prince revela *exactamente* lo que la iglesia necesita hacer, y cómo hacerlo. En uno de los primeros capítulos, Derek hace la siguiente declaración:

Esto es lo que creo. El diablo quiere mantenernos en la oscuridad. Si hay alguna verdad que el diablo quiere esconder, es que nosotros tenemos la autoridad de poner fin a su reino. Hasta que entendamos esto, no lo haremos. Pero cuando lo hayamos comprendido, tenemos que decidirnos a hacerlo.

Las frases citadas declaran el propósito de este volumen vital. Al terminar la lectura de *Guerra espiritual para los tiempos finales*, usted sabrá, sin lugar a duda, que tenemos la autoridad y el poder para poner fin al reino de Satanás.

En este estudio, obtenemos el beneficio de sesenta años de experiencia de Derek Prince en el área de la guerra espiritual, compilado en un emocionante libro del que le será imposible apartarse. Desde las primeras páginas, entenderá que acaba de entrar en una cancha de entrenamiento para llegar a ser el campeón espiritual planeado para su vida.

En Ministerios de Derek Prince creemos que este libro jugará un papel clave para que la Iglesia llegue a su plena estatura, como está predestinada. ¿Cuál será el resultado? Los cristianos se aproximarán más y más a la meta que sella la victoria en la batalla contra el enemigo de nuestras almas. Definitivamente por la palabra de nuestro testimonio y la sangre del Cordero, dejando de amar nuestras vidas hasta la muerte, usted y yo podremos vencer el reino de Satanás de una vez por todas.

Nuestra esperanza es que el presente libro nos ayude a alcanzar esta gran victoria final en el nombre de nuestro Señor Jesucristo. Este es nuestro mandato, y es nuestro destino en Él.

Equipo Internacional de Publicación de Ministerios Derek Prince

INTRODUCCIÓN

Cómo vencer el mal

En nuestro mundo, existe el mal. ¿Cree esto usted también? En lo que a mí respecta, la presencia del mal en la tierra es una verdad de reconocimiento casi universal. En años recientes, de hecho, se ha puesto de moda asignar diferentes nombres al mal, términos más «aceptables» socialmente. La tendencia es atribuir su presencia a una variedad de factores sociales, culturales y psicológicos. Sin embargo, si creemos en la Biblia, tenemos que reconocer que hay una fuerza oscura y agresiva en nuestro mundo, la cual solo puede describirse como «maligna».

Algunos cristianos creen que el mal es aquella fuerza y que es imposible detenerla. Se han resignado a concluir que el mal eventualmente vencerá al mundo, y que no será sometido salvo por la intervención de Jesús cuando regrese a la tierra. En contraste con esta posición, otros cristianos consideran que si la Iglesia solo orara con más fervor, o si hiciéramos más evangelismo o activismo político, quizás podríamos traer el reino de Dios a la tierra. Aunque cada uno de estos puntos de vista deja entrever ciertos trazos de verdad, ninguno nos ofrece un cuadro completo de la verdad expuesta por la Biblia sobre el mal en nuestro mundo. Ninguno reconoce ni explica que Dios nos ha llamado a ser participantes activos en este conflicto cósmico.

Cada día, usted y yo somos confrontados por la presencia y poder del mal en distintas formas: a veces en nuestra cultura o entorno, y en otras ocasiones desde el interior de nuestros corazones y mentes. Aunque nos cueste admitirlo, no siempre tenemos éxito en vencer estas fuerzas del mal. No porque no queramos, sino porque a menudo no sabemos cómo hacerlo. Por medio de este libro espero, a la luz de las Escrituras, ayudarnos a descubrir ese fundamental «cómo hacerlo». Me he propuesto presentar un bosquejo de cómo usted y yo verdaderamente podemos vencer el mal.

Nuestro primer paso al abordar este importante tema es reconocer que no hay lugar para una posición neutral en la lucha contra el mal. Existen dos y solo dos alternativas: o vencer el mal o ser vencidos por este.

En Romanos 12:21, Pablo presentó estas verdades en forma concisa cuando escribió: «No seas vencido de lo malo, sino vence con el bien el mal». Aquí vemos que Pablo muestra apenas dos alternativas: vencer o ser vencidos. No aparece ningún estado neutral en esta guerra donde podamos rehusarnos a tratar con el mal y evitar ser vencidos por él.

¿Cuál fue el plan de acción de Pablo? «Vencer con el bien el mal». Notemos algo importante: hay un solo poder en el universo con la potencia capaz de vencer el mal: se trata del bien. Tenemos que enfrentar cada mal que nos confronta con el bien, que es más poderoso.

¿Cuál es la única fuente de este bien? Dios mismo.

Ésta es nuestra conclusión, basada en la siguiente secuencia lógica de afirmaciones. Para poder vencer el mal, usted y yo necesitamos tener vida en Dios: acceso a los recursos de Su sabiduría, poder, y las armas que Él nos ha provisto. El bien de Dios y todos estos recursos que fluyen de lo bueno que es Él, se nos revelan y son puestos a nuestra disposición a través de la Palabra de Dios. Para poder vencer el mal, tenemos que conocer la Biblia. Por esto mismo, *precisamos* saber lo que la Biblia nos enseña sobre el mal. Partiendo de ahí, debemos entender también la provisión que Dios nos ha dado para que podamos vencer el mal.

El bosquejo que he trazado con estas frases, revela el propósito del libro.

EL MAL ES ALGUIEN

Comenzamos este primer capítulo con dos declaraciones nítidas en nuestra mente. Primero, el mal existe en el mundo. Y segundo, tenemos un mandato bíblico como cristianos de vencer este mal. Cuando confrontamos el mal y buscamos en la Palabra de Dios nuestra guía y sabiduría, encontramos una revelación específica que resulta clave para afrontar íntegramente nuestra lucha contra el mal. Si no entendemos esta clave ni la ponemos en acción, experimentaremos una frustración continua, y al final, seremos vencidos.

Ésta es la clave: *El mal no es algo, es alguien.*

Recuerdo cuando esta revelación me llegó, y la transformación que resultó de ello. Siendo ya un pastor joven, había luchado por años con la depresión. Para entonces yo era un cristiano consagrado, e involucrado activamente en el ministerio, pero todavía enfrentaba severas luchas. Utilizaba cada recurso disponible para vencer la depresión: oraba, ayunaba, estudiaba la Biblia, hacía promesas, pero con poco o ningún éxito; el problema solo empeoraba.

Llegué a sentir desesperación. Pero entonces vino esta revelación de Isaías 61:3 que me cambió la vida. En este pasaje, el Señor declaraba lo que iba a hacer por Su pueblo, confirmando el cumplimiento de una promesa, que vino «...a ordenar que a los afligidos de Sion se les dé gloria en lugar de ceniza, óleo de gozo en lugar de luto, manto de alegría en lugar de *espíritu angustiado*» (énfasis añadido). Cuando leí la expresión *espíritu angustiado*, llegó la revelación. De repente comprendí que mi problema era *una persona*. Aunque espíritu invisible, y sin cuerpo, era una persona muy real. Un *espíritu* de angustia o de depresión me estaba atacando en forma sistemática.

El poderoso opresor que había buscado destruirme y arruinar mi ministerio, había sido desenmascarado. Ese mal no era *algo* sino *alguien*; y ahora había llegado el momento de vencerlo.

Al entender esta realidad , ya iba camino a la victoria en al menos un 80%. Después recordé que la depresión había sido un problema en la familia. Mi papá, —y probablemente su papá—habían peleado esta batalla durante años.

Para lograr una victoria total sobre ese terrible espíritu de depresión, solamente necesité armarme de una verdad bíblica adicional: «Y todo aquel que invocare el nombre de Jehová será salvo...» (Joel 2:32). ¡Cuando clamé al Señor suplicando ser libertado específicamente del *espíritu angustiado* en el nombre del Señor Jesucristo y citando Joel 2:32, fui libre por fin!

Esta posición —basada, como vimos, en principios bíblicos—que identifica el mal como una persona y no solamente como un fenómeno o cosa, se encuentra a través de toda la revelación de las Escrituras. Detrás de todo mal hay una persona que la Biblia reconoce con dos nombres principales. En el Antiguo Testamento, él es llamado *Satanás*; y en el Nuevo Testamento, es identificado como *el diablo*. Cada nombre tiene un significado importante.

El título *Satanás* significa «el que resiste o se opone». Es él quien resiste y se opone a Dios, a Sus propósitos, y a Su pueblo. Por lo tanto, como pueblo de Dios, tenemos que entender que Satanás, al actuar como adversario, se opone y nos resiste también a nosotros.

La expresión *diablo* puede hace alusión a dos calificativos; «el difamador» o «el acusador». Es un título muy apropiado considerando que el arma principal utilizada por Satanás contra nosotros es la acusación.

El reino opositor

¿De dónde provino este adversario nuestro y cuándo empezó dicha batalla? Aunque su origen es un asunto profundo, la Palabra de Dios nos indica que, cuando fue creado por Dios, Satanás no era el mismo que conocemos ahora. Él era Lucero, uno de los principales arcángeles de Dios, sobresaliente por su hermosura y sabiduría. Aparentemente estaba encargado de una tercera parte de los ángeles de la creación.

Sin embargo, a causa de la sabiduría y hermosura sobresalientes de Lucero, su corazón se enorgulleció, y él se propuso ser igual a Dios. (La mayoría de los eruditos de la Biblia concluyen esto basándose en Isaías 14:12-15 y Ezequiel 28:13-17). Como resultado de esta decisión, Lucero se rebeló y guio a los ángeles bajo su mando a una insurrección contra el Dios Altísimo. Como castigo contra este levantamiento, Lucero y los ángeles sublevados fueron echados del cielo donde vive el Señor.

Después de su expulsión, Lucero (ahora Satanás, el opositor) estableció su reino sedicioso en otra parte del universo, que la Biblia describe como «la potestad del aire» o a veces también «regiones celestes». Allí está ubicado, entre la tierra y el cielo donde se encuentra el trono de Dios, el centro de operaciones de Satanás durante esta edad. Desde ese lugar él reina sobre una gran compañía de ángeles rebeldes. Su objetivo principal es resistir y oponerse rabiosamente a los propósitos de Dios y de Su pueblo, por lo general a través de la difamación y la acusación contra ellos. Todo esto lo estudiaremos más a fondo en el siguiente capítulo, junto a otras tácticas claves.

Personas sin cuerpos

El Nuevo Testamento ofrece valiosa información sobre la ubicación y operación del reino opositor de Satanás, y las acciones de los seres espirituales sujetos a él. Pablo nos regala uno de los cuadros más claros sobre el particular en Efesios 6:12 «Porque no tenemos lucha contra sangre y carne, sino contra principados, contra potestades, contra los gobernadores de las tinieblas de este siglo, contra huestes espirituales de maldad en las regiones celestes».

Observemos que hay fuerzas espirituales de maldad *con autoridad*, que además quieren ejercerla para dominar y reinar. La traducción de esta porción bíblica por *The*

Living Bible alumbra nuestro entendimiento de un modo especial:

> No estamos luchando contra personas de carne y sangre, sino contra personas sin cuerpos, autoridades malignas del mundo invisible, poderosos seres satánicos y grandes príncipes de las tinieblas sobre este mundo, contra un gigantesco número de espíritus malévolos del mundo espiritual.

Consideremos la frase *personas sin cuerpos*. Ahora sabemos que estos seres malignos, incluyendo al diablo, se oponen a Dios y a Su pueblo. Tienen su ubicación en el mundo espiritual, lo cual define la naturaleza de nuestra guerra y el conflicto que enfrentamos. A menos que entendamos esto, no podremos tener éxito en esta batalla.

Así que, al comenzar nuestro estudio sobre la guerra espiritual en los tiempos finales, podemos concluir que hay cuatro puntos claves en la declaración de Pablo.

Primero: nuestro conflicto es cósmico. En otras palabras, ocupa todo el universo—no solo incluye la tierra, sino también las regiones celestes.

Segundo: nuestra batalla no se libra en el ámbito de nuestros sentidos. No podemos discernir la naturaleza de nuestro conflicto por lo que oímos o vemos. Más bien, llegamos a percibirla por revelación del Espíritu Santo y nuestro entendimiento de las Escrituras.

Tercero, este conflicto y su naturaleza no son reconocidos por la mayoría de las personas. Estas, sencillamente, ignoran qué se les opone. Saben que luchan contra algo que tiene mucha fuerza, pero como no lo pueden ver, entender y mucho menos discernir, tampoco consiguen definirlo. El resultado, es que no comprenden cómo lidiar con ello.

Cuarto y último punto: la resolución de este conflicto es decisiva para cada uno de nosotros. El resultado en el reino espiritual, sea de victoria o de derrota, afectará de modo determinante todo aspecto de nuestras vidas.

CÓMO OPERA SATANÁS

Comprender que el mal no es *algo* sino *alguien* es un arma vital para la guerra en el reino espiritual. Si sabemos usarla, podemos comenzar a identificar y rechazar algunas de las tácticas más eficaces de Satanás. Vamos a examinar varias ilustraciones de las Escrituras que nos ayudarán a descifrar a este enemigo.

Un dragón/una serpiente

Apocalipsis 12:9 nos brinda esta descripción: «Y fue lanzado fuera el gran dragón, la serpiente antigua, que se llama diablo y Satanás, el cual engaña al mundo entero».

Aquí hay dos representaciones de Satanás: el dragón y la serpiente. El dragón es una bestia grande, poderosa, impetuosa, que inspira temor. En algún momento de mi vida, heredé de la familia unas piezas de porcelana decoradas con dragones chinos. Al final, decidí no conservarlas, porque no quería en mi hogar una ilustración visible de Satanás que me lo recordara constantemente.

Un dragón es grande, temible, feroz e impactante. Amenaza, aterroriza, incendia y destruye.

Por otro lado, la serpiente o culebra es más pequeña, y a veces casi invisible. Las culebras no operan de la misma manera que los dragones. Se deslizan silenciosamente, y pueden meterse por cualquier grieta o hueco. Yo nací en la India y viví allí hasta los cinco años. Uno de los problemas que mi familia enfrentaba era la cobra. De hecho, varios miles de personas mueren anualmente en India por mordeduras de culebras. La cobra no ataca en forma directa como el dragón, sino que sale por un tubo del baño o de un pequeño hueco; antes que la persona se dé cuenta, ella está en su cuarto, lista para atacarle.

Satanás puede actuar como dragón o como culebra. Puede ser grande y espantoso; o por el contrario, sutil y escurridizo, capaz de colarse por un huequito del que nunca se esperaría algo peligroso.

Un ladrón destructor

Jesús también nos ofrece otra figura de Satanás: «El ladrón no viene sino para hurtar, matar y destruir; yo he venido para que tengan vida, y para que la tengan en abundancia» (Juan 10:10).

El ladrón aquí es la persona de Satanás. Su papel contrasta claramente con el de Jesús. Satanás quita las vidas; Jesús es el Dador de la vida. Satanás acostumbra esconder sus motivos, su presencia, y sus actividades; pero sus metas nunca cambian. Siempre su intención es hurtar, matar y destruir.

Hurtar o *robar* significa, en este contexto, quitar lo que nos pertenece como derecho. Se refiere específicamente a nuestra herencia en Dios y a las bendiciones que Él quiere que tengamos. *Matar* alude a los esfuerzos de Satanás para destruir nuestras vidas físicamente, sea en forma directa o por enfermedad. Satanás es un asesino, un homicida. De hecho es la fuente de todo homicidio, guerra y genocidio. *Destruir* (*aplese* en griego), es una acción que traspasa el tiempo, extendiéndose hasta la eternidad. Describe la eterna e interminable devastación del alma perdida, que había sido engañada y atada por Satanás. Siempre tenga presente esta seria advertencia de Jesús.

Cuatro tácticas del enemigo

Con la imagen clara de estas representaciones de Satanás que nos muestran las Escrituras, como dragón, serpiente y ladrón, podemos empezar a discernir algunas de las principales tácticas usadas por él en la guerra contra nosotros.

La acusación

Hemos dicho que el Nuevo Testamento llama a este enemigo «el diablo» o «el acusador/calumniador». Esta es la actividad más común e incesante de Satanás, como afirma Apocalipsis 12:10: «…Porque ha sido lanzado fuera el acusador de nuestros hermanos, el que los acusaba delante de nuestro Dios día y noche».

Satanás constantemente distorsiona nuestra imagen. No solo nos acusa delante de Dios, sino que nos enjuicia a nosotros mismos. Él tergiversa, exagera nuestras debilidades e ignora nuestras cualidades. Susurra todo lo malo que puede decirse de nosotros en su esfuerzo por hacernos sentir culpables, avergonzados o indignos.

Por eso, la acusación por sí sola es la táctica principal de Satanás. Si él puede mantenernos bajo una sensación de culpa, jamás lo venceremos. Nunca nos levantaremos para tomar la ofensiva y vencerlo. (Más adelante, veremos las armas bíblicas que Dios nos ha provisto para anular las acusaciones de culpa de Satanás).

El engaño

La siguiente táctica la encontramos al final del pasaje que habíamos citado más arriba, Apocalipsis 12:9: «Y fue lanzado fuera el gran dragón, la serpiente antigua, que se llama diablo y Satanás, el cual engaña al mundo entero…». Jesús explica que Satanás «…no ha permanecido en la verdad, porque no hay verdad en él. Cuando habla mentira, de suyo habla; porque es mentiroso, y padre de mentira» (Juan 8:44).

El engaño es una táctica primordial en contra nuestra: Satanás «engaña al mundo entero». Siendo mentiroso, no nos llega con la verdad. Él no nos presenta hechos. ¿Por qué esta táctica cumple tan eficazmente sus propósitos? Porque cuando nos logra engañar y atrapar, puede proceder con sus otras acciones malignas.

Lo único que nos puede proteger del engaño es la Palabra de Dios. Las Escrituras son totalmente veraces. Si fuéramos persuadidos a creer algo que contradice la Biblia, podríamos entender que detrás de esa artimaña está el enemigo. Satanás siempre está obrando para torcer nuestra mente, apartarnos de la fe bíblica, y presentarnos el señuelo del engaño. Su táctica de burlarnos le sirve para poder destruirnos.

La tentación

Mateo 4:3 es un versículo que describe la tentación de Satanás a Jesús en el desierto. Refiriéndose a Satanás, dice: «Y vino a él el tentador, y le dijo: Si eres Hijo de Dios, di que estas piedras se conviertan en pan».

Tentar es «atraer». Satanás nos atrae para hacer algo malo. Nos presenta lo que es malo o incorrecto, haciéndolo parecer una cosa fascinante o deseable. Una vez lo ha logrado, dice, «*Si quieres esto, necesitas hacer lo siguiente…*». Sin excepción, lo que busca el enemigo de nuestras almas es hacernos cometer una acción (u omisión) que termine en desobediencia a Dios.

Estorbar

En su carta a los creyentes en Tesalónica, Pablo declara: «…quisimos ir a vosotros, yo Pablo ciertamente una y otra vez, pero Satanás nos estorbó» (1 Tesalonicenses 2:18).

Estorbar es otra actividad típica de Satanás, dirigida en especial a los siervos de Dios que buscan hacer la voluntad del Señor. Satanás estorba, resiste, y sabotea nuestros planes a través de obstáculos en el camino, y maniobras manifiestas de oposición y confusión.

Hemos visto, entonces, que Satanás actúa usando cuatro tácticas claves: acusar, engañar, tentar (atraer) y estorbar. Por supuesto, éstas no son las únicas maneras en que el enemigo se nos opone, pero constituyen sus movimientos más comunes, los que debemos combatir con mayor frecuencia en nuestra lucha contra él.

EL ADVERSARIO ESTÁ VENCIDO

Detrás de todo lo que hace Satanás, existe un propósito último: hurtar, matar y destruir. Pero nosotros sabemos que, como creyentes, somos llamados a vencer al que se nos opone. ¿Cuál es entonces la base para nuestra victoria sobre él?

En esta guerra, que es personal y también cósmica, hay un hecho establecido en las Escrituras que por sí solo nos permite vencer al mal: *Jesús ya ha vencido a Satanás por nosotros.* La victoria sobre Satanás no está pendiente de ganarse. *Ya ha sido ganada.* Se dio cuando Jesús murió, derramó Su sangre en la cruz, fue sepultado y resucitó de entre los muertos. Ahora esa victoria ha sido puesta a nuestra cuenta, a nuestro favor. Estas son las Buenas Nuevas, el Evangelio, para nosotros como individuos y para toda la raza humana. La victoria que Jesús ganó sobre Satanás fue total, permanente e irreversible.

Satanás no puede cambiar lo que se hizo en la cruz. Es eterno, cumplido por Dios, con validez y vigencia por toda la eternidad. Ante este panorama, la única opción que le resta al enemigo es intentar opacar la obra hecha en la cruz; es decir, impedir que el pueblo de Dios entienda lo que fue hecho a favor nuestro en el Calvario. Satanás hace todo lo posible por evitar que conozcamos, comprendamos y utilicemos los beneficios que nos otorga la victoria de Jesús.

La victoria ya se ganó

La verdad de la conquista de Jesús es declarada en Colosenses 2:13-15:

> *...A vosotros, estando muertos en pecados y en la incircuncisión de vuestra carne, os dio vida juntamente con él, perdonándoos todos los pecados, anulando el acta de los decretos que había contra nosotros, que nos era contraria, quitándola de en medio y clavándola en la cruz, y despojando a los principados y a las potestades, los exhibió públicamente, triunfando sobre ellos en la cruz.*

Este pasaje describe lo que Dios, el Padre, hizo a través de Jesucristo, el Hijo. En la cruz, Cristo conquistó todas las huestes de Satanás, las despojó por completo de sus armas y las derrotó. Jesús no solo las venció, sino que al triunfar sobre ellas, las exhibió públicamente. Un «triunfo» en la época del Imperio Romano era más que la simple cuestión de sumar otra victoria; implicaba también una celebración y demostración pública de tal éxito. Los enemigos vencidos eran llevados en cadenas como cautivos detrás del carro de guerra del general, a la vista de todos.

Cuando Jesús venció a Satanás y a todas sus fuerzas malignas en la cruz, Él los despojó de *todas* sus armas. Después, hizo algo más: los exhibió, dejando expuesta su derrota públicamente. No podremos entender en toda su plenitud cómo Jesús obró todo esto, a menos que reconozcamos lo que ocurrió en la cruz.

Liberados de la culpa

Por Su muerte en la cruz, Jesús anuló la más poderosa arma que Satanás utiliza contra nosotros, que es la culpa. Aunque todavía nos acuse y nos calumnie, y siga empleando con éxito esta misma táctica, en realidad Jesús resolvió el asunto de nuestra culpa de dos maneras.

Primero, a través de la cruz todos nuestros pecados son perdonados. Segundo, en la cruz Dios canceló el código de la ley que se levantaba en contra nuestra con sus reglamentos. De otra forma nunca hubiéramos podido acercarnos a Dios en forma legítima, porque jamás íbamos a llenar los requisitos de la ley para ser declarados justos. Pero en la cruz, Dios mismo quitó esa restricción, clavando en la cruz la totalidad de la ley. Cuando Jesús murió por nosotros como sustituto, Él pagó el castigo y cargó con la maldición de todos los que habían violado la ley, que era la pena de muerte. Ahora que ese merecido castigo ha sido saldado, ya no estamos sujetos a los requisitos de la ley por el hecho de no poder cumplirla, *ni tampoco a la culpa.*

Jesús hizo que pudiéramos ser libres de la culpa. Él nos ofrece perdón, y ha abrogado el requisito de cumplir la ley como medio de alcanzar la justicia de Dios. En su lugar, ahora podemos acercarnos a Dios a través de nuestra fe en el sacrificio y muerte de Su Hijo Jesús; y esa fe en Él, que se abona a nuestra cuenta, nos es contada por justicia.

Liberados de las tinieblas

Ahora, no solamente somos libres de la culpa, sino que también se nos ofrecen otros beneficios. Observemos esos resultados de la obra de Jesús en la cruz.

[Nosotros] …con gozo dando gracias al Padre que nos hizo aptos para participar de la herencia de los santos en luz; el cual nos ha librado de la potestad de las tinieblas, y trasladado al reino de su amado Hijo, en quien tenemos redención por su sangre, el perdón de pecados.

Colosenses 1:12-14

Cada beneficio de nuestra salvación está centrado en nuestra redención a través de la cruz. Por medio de esa redención, Dios no solo ha provisto el perdón de los pecados y liberación de las exigencias de la ley, sino que también *nos ha rescatado*. Nuestro Padre nos ha liberado del dominio de las tinieblas. Nos ha trasladado al Reino de Su Hijo.

Examinemos las verdades contenidas en estas últimas frases. Las tinieblas tienen un dominio. Se trata de un reino auténtico. Nunca dude que Satanás tiene poder; sí, lo tiene. En el principio, su poder vino de Dios, Quien es la única fuente del poder. Pero por su maldad y rebelión, el diablo desvió el propósito de tal poder para oponerse a Dios y a Su pueblo. Sin embargo, por medio de la muerte de Jesús en la cruz, Dios ha provisto nuestro traslado a otro Reino. Hemos sido liberados del maligno dominio de las tinieblas y llevados al Reino de luz. Ahora somos ciudadanos del Reino de Dios, y Él nos envía, ya en calidad de representantes Suyos, para administrar el resultado de la victoria de Jesús sobre Satanás. Si bien fue Jesús quien ganó la victoria, Dios espera que nosotros entendamos por fe esa victoria que Él obtuvo y obremos en consecuencia. Como hemos sido investidos con la autoridad del Reino de Dios, podemos ejercerla sobre Satanás y sus obras. Somos investidos de Su poder para vencer el mal.

Ejercer Su autoridad

En las Escrituras encontramos un acontecimiento en el que los seguidores de Jesús, al parecer, ejercieron Su autoridad por primera vez, a una escala que sobrepasó sus expectativas. El evento es relatado en Lucas 10:17-19:

Volvieron los setenta con gozo, diciendo: Señor, aun los demonios se nos sujetan en tu nombre. Y les dijo: Yo veía a Satanás caer del cielo como un rayo. He aquí os doy potestad de hollar serpientes y escorpiones, y sobre toda fuerza del enemigo, y nada os dañará.

Jesús dio a entender que, cuando ellos usaron la autoridad del Reino, el suceso era comparable a la caída de Satanás del cielo como un rayo. Los discípulos se gozaron grandemente cuando descubrieron que, al salir como representantes del Señor y usar Su autoridad, los espíritus malos tenían que obedecer a lo que ordenaran en el nombre de Jesús.

El Nuevo Testamento registra cómo Jesús y Sus seguidores confrontaban a los demonios y los echaban fuera de las personas. Somos instruidos a hacer lo mismo en nuestra guerra espiritual. Como los discípulos representaban a Jesús y ejercían Su autoridad para expulsar demonios, nosotros, seguidores de Jesús al igual que ellos, tenemos la misma autoridad.

Debemos entender bien las palabras de Jesús cuando afirma, «He aquí os doy potestad de hollar serpientes y escorpiones, y sobre toda fuerza del enemigo».

Una vez nos convertimos en representantes del Reino de Dios a través de Jesús, Dios nos da la autoridad para pisar (pasar por encima) de los emisarios del reino de Satanás que nos estaban afligiendo. Podemos vencer todo poder del enemigo. Como embajadores de Su Reino, ahora nos son impartidas la autoridad de Jesús y la victoria completa.

Allí mismo, para someter la tentación que infunde temor, Jesús concluye diciendo, *«y nada os dañará»*. Observe que Jesús no pronunció esta promesa solamente para los discípulos. Es el patrón que debe seguir cada nueva generación de creyentes. En la nuestra, usted y yo salimos en el nombre de Jesús para administrar el alcance de la victoria y la autoridad de Jesús sobre todos los representantes del reino de Satanás. Igual que con los discípulos, nada nos dañará. Aún en medio de la dificultad, somos Su pueblo, y la victoria de la cruz nos ha preparado para ser Sus instrumentos, que vencerán el mal en estos tiempos finales.

UNA NUEVA CREACIÓN

Cuando entendemos que Satanás es un enemigo vencido, nosotros, como representantes del Reino de Jesús, podemos pelear la batalla con confianza. Aunque el engañador intente esconder esta verdad de nosotros, las Escrituras revelan que, desde antes, Cristo había preparado el camino para el uso de Su autoridad. A través de Su encarnación, Jesús llegó a ser el «postrer Adán» (ver 1 Corintios 15:45). Tomó sobre sí toda la culpa, condenación y maldición de la raza de Adán por medio de Su muerte y sepultura. Después, resucitó de los muertos al tercer día, como el «segundo hombre» (versículo 47). De esta manera, Él es la cabeza de una nueva raza, forjada para ser instrumento de victoria sobre el mal de esta época.

¿Quiénes son los miembros de esta nueva raza? Pertenecen a ella todos los nacidos de nuevo, unidos por fe con Cristo en Su muerte, sepultura y resurrección. Al formar la Iglesia, somos Su cuerpo, y Él es la cabeza.

Los paralelos entre las dos razas

El anhelo de Dios para esta nueva raza es que cumpla los propósitos que no se realizaron en Adán. Veamos brevemente los paralelos entre el primer Adán y su raza, y el último Adán (Jesús), y la nueva raza que procede de Él.

En primer lugar, Adán fue creado por el soplo del aliento de Dios (ver Génesis 2:7). La nueva raza llega a existir con la regeneración individual, que ocurre en cada persona por el soplo del Espíritu del Señor Jesucristo (ver Juan 20:19-22).

En segundo término encontramos que el primer Adán fue creado a la imagen y semejanza de Dios. En la nueva raza, la imagen de Dios es restaurada por obra del Espíritu Santo, y es la imagen del Señor Jesucristo en nosotros (ver Colosenses 3:10).

Tercero; el propósito de Dios para el primer Adán consistió en ejercer el dominio de Dios y Su autoridad sobre toda la tierra. De la misma manera, el propósito de Dios para la nueva raza es que seamos Sus embajadores, representantes oficiales del cielo, llevando el mensaje que de allí proviene y ejerciendo la autoridad de lo alto. Para cumplir esto, Dios nos ha entregado toda la autoridad del gobierno celestial. A la nueva raza, Jesús le dice: «Toda autoridad me es dada en el cielo y en la tierra. Por tanto, id…» a fin de que cumpla la gran comisión (ver Mateo 28:18-20).

En cuarto lugar, el primer Adán fue creado para participar de una obra inteligente en compañía de Su Creador. Él no era esclavo, sino colaborador, y como tal iba a compartir la labor y los propósitos de Dios en la creación. De igual manera, Jesús dice a la nueva raza, «Ya no os llamaré siervos…os he llamado amigos» (ver Juan 15:15).

Pablo reconoce que somos colaboradores de Dios (ver 1 Corintios 3:9 y 2 Corintios 6:1); servidores y administradores de la casa de Dios (ver 1 Corintios 4:1 y 1 Pedro 4:10).

Quinto; en la primera creación, la provisión de una ayuda idónea para Adán fue única, porque Eva fue creada de Adán. Esto guarda relación con la provisión concedida al Señor Jesucristo: Su novia, que es la Iglesia. Mientras que Adán dormía, Eva fue formada de una parte de su cuerpo. En tanto Jesús permaneció en la tumba; la Iglesia llegó a existir por Su muerte como sacrificio y sustituto nuestro. Como Eva fue presentada a Adán, también la Iglesia será presentada a Cristo (Efesios 5:25-27, 31-32).

Nuestro propósito bajo esta condición de nueva raza se resume en las palabras de Jesús a Sus discípulos:

«...*Como me envió el Padre, así también yo os envío*» (Juan 20:21). Estamos aquí en la tierra como cumplimiento de esa promesa, para disfrutar con Cristo de la misma relación que Él tenía con Su Padre. Cristo vivió en unión con el Padre; nosotros vivimos en unión con Cristo. Cristo vivió para hacer la voluntad del Padre; nosotros, para hacer la voluntad de Cristo. Las palabras y obras de Cristo vinieron del Padre; las palabras y obras del creyente provienen de Cristo. El Hijo presentó a su Padre al mundo; el creyente le presenta y revela a Cristo. El paralelo es extraordinariamente marcado.

Revertir los resultados de la caída

Por lo tanto entendemos que somos, en efecto, una nueva raza, representantes del Reino, con un propósito definido. Cuando llegamos a comprender que Jesús nos envía de la misma manera que el Padre le envió a Él, nuestra misión se resume en las palabras de 1 Juan 3:8, «...Para esto apareció el Hijo de Dios, para deshacer las obras del diablo».

Según lo anterior, es evidente que una razón fundamental de la manifestación de Jesús en carne era *deshacer las obras del diablo*. La palabra que aquí se traduce *deshacer* (en griego *lysë*), significa, literalmente «desatar» o «desligar». El mismo término se utiliza cuando Juan el Bautista afirmó sobre el Mesías: «...no soy digno de desatar la correa de su calzado...» (ver Lucas 3:16).

Las obras del diablo que Jesús vino a deshacer están asociadas con los cinco resultados específicos de la destructiva caída de Adán en el huerto de Edén. Nuestro desafío como nueva raza es tomar el lugar de autoridad que nos corresponde en el Reino de Jesús, y revertir esos resultados. *Cómo hacerlo* es el tema que desarrollaremos en el resto de este capítulo y los cuatro siguientes.

El primer resultado: un cambio de naturaleza

Cuando Adán desobedeció a Dios y pecó, su naturaleza cambió. La palabra clave que describe este hecho es *corrupción*. Adán (y por causa suya toda la raza humana), sufrió una corrupción física y espiritual.

Sin embargo, tal consecuencia es anulada en el creyente como resultado de la muerte y resurrección de Cristo, cuando le llega la nueva naturaleza, y la corrupción que produjo la caída es quitada. Pablo escribe en Colosenses 3:10: «...revestido del nuevo [*hombre*], el cual conforme a la imagen del que lo creó se va renovando hasta el conocimiento pleno...». La expresión *se va renovando* indica, por el uso del gerundio en el verbo, un proceso que continúa.

El vocablo *conocimiento* también significa «reconocimiento» en el sentido de hacer una *reproducción*, una *copia*, en este caso, de Su imagen. Cada uno de nosotros, en forma individual, está siendo renovado y rescatado.

Dicha renovación es el primer paso, para que la nueva raza en Cristo sea liberada de los resultados de la caída de Adán; y también para asestar un golpe contundente al enemigo. El creyente recibe una nueva naturaleza que deshace la corrupción. Los nacidos de nuevo son llevados a un conocimiento y a un *reconocimiento* del Creador, que, a su vez, producen una nueva creación.

Hechos a Su imagen

Aquí hay un pensamiento hermoso. En la primera creación, Dios no descansó hasta reproducir allí Su propia imagen y semejanza. Él reposó el séptimo día porque, en el sexto, había hecho una creación especial, el hombre Adán, que era una copia, una reproducción de Su misma imagen. En la nueva creación, Dios no descansará hasta reproducir en el creyente Su propia imagen y semejanza. Esto es explicado plenamente en 2 Pedro 1:2-4, mediante una sola y larga frase de poderosas palabras. En los versículos citados, apreciamos una de las declaraciones más asombrosas de toda la Escritura:

> *Gracia y paz os sean multiplicadas, en el conocimiento de Dios y de nuestro Señor Jesús. Como todas las cosas que pertenecen a la vida y a la piedad nos han sido dadas por su divino poder, mediante el conocimiento de aquel que nos llamó por su gloria y excelencia, por medio de las cuales nos ha dado preciosas y grandísimas promesas, para que por ellas lleguéis a ser participantes de la naturaleza divina, habien-*

do huido de la corrupción que hay en el mundo a causa de la concupiscencia...

Desde el principio del pasaje vemos que todo viene a través del conocimiento y del reconocimiento de Dios y de Jesús.

Todo ya ha sido provisto

En este profundo versículo de las Escrituras, podemos notar ciertas declaraciones consecutivas del pensamiento de Pedro. En la primera parte del versículo tres, encontramos que el poder divino y otras cosas de Dios *nos ha sido dadas.* No dice «se nos darán», sino que «todas las cosas que pertenecen a la vida y a la piedad» *nos han sido dadas.* En la nueva creación, cada elemento de la provisión ya ha sido proporcionado, tal como sucedía en la antigua creación. Cuando Dios trajo al mundo a Adán, no tuvo que buscar dónde ponerlo, ni cómo alimentarlo con una nutrición adecuada. Adán encontró una creación perfecta, donde toda necesidad había sido anticipada y suplida.

Exactamente lo mismo sucede con la preparación y provisión para la nueva creación en Cristo. Cuando somos hechos de nuevo en nuestro Salvador, recibimos una provisión completa y perfecta desde el origen. No hay equivocaciones. Dios no tiene que añadir nada más. Todo lo que necesitaremos por la eternidad ya ha sido preparado para nosotros en Cristo. Esta provisión incluye la vida espiritual y la física, la vida en este mundo y en el venidero.

Muchas personas repiten oraciones ineficaces que no pueden recibir respuesta, porque piden algo de Dios que Él ya les ha dado. En lo personal, creo que la mayoría de los supuestos casos en que Dios parece no contestar oraciones así, se pasa por alto que una respuesta podría dar un mensaje equivocado. Con frecuencia oigo a los cristianos rogando que Dios les provea cierta cosa. Pero si Él fuera a contestarles verbalmente, a lo mejor diría a cada uno: «Te la di hace mucho tiempo; ya es tuya en Cristo Jesús».

Id a poseerlo

En este mismo versículo podemos observar que todo nos ha sido dado «mediante el conocimiento de aquel que nos llamó por su gloria y excelencia». Todo lo que Dios nos tiene siempre está contenido dentro del conocimiento de Jesucristo. En el versículo cuatro, leemos que esa provisión es nuestra por las «preciosas y grandísimas promesas». Si estudiamos la Palabra de Dios y echamos mano a las promesas, todo lo que pudiéramos necesitar se encuentra allí.

A lo largo de los años que he enseñado, a menudo he propuesto la siguiente comparación: Mientras en el Antiguo Pacto Dios, usando a un líder llamado Josué, llevó a Su pueblo a la Tierra Prometida, en el Nuevo Pacto, por medio de un líder llamado Jesús (en hebreo, también Josué), Dios lleva a Su pueblo a una tierra de promesas. ¿Cuál es la diferencia? En el Antiguo Testamento, el destino es la Tierra Prometida; en el Nuevo Testamento, es una tierra de promesas. En cuanto a la tierra que Dios había prometido a Israel, Él dijo (paráfrasis mía), «Es una buena tierra. Todo lo que necesitarán está allí. Es una tierra que fluye leche y miel. El agua que usa es la lluvia del cielo. No habrá que trabajar cavando pozos, plantando viñas o cultivando olivares. Lo único que tienen que hacer es entrar en ella y poseerla». (Ver Ex 3:8; Dt 6:10-11, 8:8-10 y Jos 24:13).

En Cristo, es exactamente igual. Dios dice, «No hace falta que Yo haga nada más; todo está incluido en las promesas. Solamente hay que entrar y disfrutarlas».

La naturaleza divina

El resultado de disfrutar las promesas se encuentra en el versículo cuatro del pasaje de Segunda de Pedro citado arriba: «…para que por ellas (las promesas) llegaseis a ser participantes de la naturaleza divina». *La naturaleza divina* aquí, hace referencia a que podemos tener parte en la naturaleza de Dios mismo. ¿Y cuál es el resultado? Haber «huido de la corrupción que hay en el mundo a causa de la concupiscencia».

Notemos otra vez una palabra clave, que es *corrupción*. La caída de Adán causó la corrupción física y espiritual. La redención de Cristo nos libera de esa corrupción, y nos hace participantes de la naturaleza del mismo Dios. Recibimos esto por la provisión de Dios, y dicha provisión viene por el conocimiento de Jesucristo. Nos apropiamos de Su provisión al encontrar las promesas de la Palabra de Dios y aplicarlas en nuestras vidas.

Podemos resumir este asombroso proceso en una sola frase: *Cristo, siendo divino, también se hizo humano, para que el creyente, como humano, también pudiera llegar a ser divino.* Cristo, que era divino, se hizo hombre sin dejar de ser Dios (Jesús), para que el creyente, siendo humano, pudiera llegar a ser divino sin dejar de ser humano.

Recibimos la naturaleza divina por las promesas de la Palabra de Dios, siendo esta una semilla incorruptible:

«Siendo renacidos, no de simiente corruptible, sino de incorruptible, por la palabra de Dios que vive y permanece para siempre» (1 Pedro 1:23). Al apropiarnos de la semilla incorruptible de la Palabra de Dios en nuestras vidas, se forma y reproduce una naturaleza incorruptible en nosotros. Llegamos a ser una nueva creación. Cuando esto tiene lugar, logramos revertir el primer efecto de la caída de Adán: Llegamos a ser participantes de la naturaleza divina, y escapamos de la corrupción que hay en el mundo.

Vamos a examinar ahora el segundo resultado de la caída de Adán en la raza humana y toda la creación; y después, cómo revertirlo, por medio de Jesucristo.

LA AUTORIDAD RESTAURADA

En el capítulo anterior, presentamos una premisa básica. Vimos que una de las razones para tomar nuestro lugar con Jesucristo en la nueva raza es revertir los efectos de la caída de Adán. Aprendimos que la primera restauración ocurre cuando llegamos a ser una nueva creación con una naturaleza divina.

En este capítulo, veremos la segunda restauración: una *autoridad* restaurada. El segundo resultado de la caída había sido la usurpación por parte de Satanás de la autoridad que Dios había dado a Adán. Antes de Su crucifixión, Jesús llamó a Satanás «el príncipe de este mundo» (ver Juan 12:31; 14:30; 16:11). Corroborando esto, durante la tentación en el desierto Satanás mostró a Jesús todos los reinos del mundo en un instante y le dijo: «A ti te daré toda esta potestad…» (ver Lucas 4:6). ¿Por qué pudo decir esto Satanás? La razón es que, en aquel momento, tal potestad le pertenecía.

A través de Su muerte y resurrección, el señor Jesucristo cambió la situación por completo: se le quitó a Satanás esa autoridad, que entonces volvió a pertenecerle a Él. Cuando Cristo quitó la culpa de la raza de Adán, Dios permitió que esta autoridad volviera a estar a disposición de la nueva raza, sin comprometer Su santidad. Se trata de una de las revelaciones más grandes del Nuevo Testamento. Por la muerte y resurrección de Jesús, (el postrer Adán), Él pudo afirmar, «Toda autoridad me es dada en el cielo y en la tierra…», y en consecuencia, Él también puede declarar, «Por tanto, id…». (ver Mat 28:16-20). En otras palabras, Jesús nos estaba diciendo: « Ahora ustedes son los que pueden administrar Mi autoridad. La he obtenido, pero debo regresar al cielo. La administrarán ustedes, que creen en Mí y que son Mis representantes en la tierra».

La exaltación de Jesús

Pablo explica esta transferencia de autoridad a Jesús y a nosotros.

> *…la cual (operación del poder de su fuerza) operó (el Padre de gloria) en Cristo, resucitándole de los muertos y sentándole a su diestra en los lugares celestiales, sobre todo principado y autoridad y poder y señorío, y sobre todo nombre que se nombra, no solo en este siglo, sino también en el venidero; y sometió todas las cosas bajo sus pies, y lo dio por cabeza sobre todas las cosas a la iglesia, la cual es su cuerpo, la plenitud de Aquel que todo lo llena en todo.*
>
> *Efesios 1:20-23*

Referencias similares a la exaltación de Jesús se encuentran en Filipenses 2:9-11 y en 1 Pedro 3:22. En resumen, vemos que Jesús ha sido enaltecido muy por encima de todos los niveles de autoridad del universo creado. Jesús es la cabeza, Él es exaltado a la diestra del Padre, sobre todo principado, potestad, gobierno y dominio.

De frente a esta verdad, averigüemos ahora dónde quedamos usted y yo, como creyentes en Cristo, con Su exaltación. Efesios 2:5-6 explica que somos incluidos como invitados por nuestra identificación con Cristo en cada fase de Su exaltación, lo que comprende, además, Su posición en el trono: «Aun estando nosotros muertos en pecados, nos dio vida juntamente con Cristo (por gracia sois salvos), y juntamente con él nos resucitó, y asimismo nos hizo sentar en los lugares celestiales con Cristo Jesús».

Nuestra identificación con Él no termina con la regeneración y salida de la tumba. Se extiende hasta llegar al trono. A modo de ilustración, lo comparo con un viaje en ascensor. En este sencillo ejemplo el ascensor es Jesucristo, y cuando uno aprieta el botón «S», va al sótano, que representa la sepultura y el bautismo. Después, tenemos la libertad de oprimir cualquier botón del panel de control. Usted decide a qué nivel de altura quiere llegar. Dios ha hecho que, si así lo desea, le sea posible subir hasta el último piso, el «penthouse», porque en Cristo, hemos sido levantados de la tumba para poder sentarnos juntamente con Él en Su trono.

Un día cierto amigo pastor extrajo de este versículo una gran verdad, que me ha seguido impactando desde aquel entonces. Dijo mi amigo: «Vemos que Dios ha guardado el acceso al trono. El acceso no es una puerta abierta. Es una crucifixión, una sepultura, y una resurrección. Los que no están dispuestos a ser crucificados con

Cristo y sepultados con Cristo, no tienen el derecho de acceder al trono».

¡Muy cierto! El viejo hombre, la naturaleza de Adán, no tiene ningún lugar en el trono. El universo se volvería trizas en cinco minutos si el antiguo Adán llegara hasta allí. Solamente a través del proceso de la crucifixión, sepultura, y resurrección puede uno tener el derecho de entrar en el ascensor y oprimir el botón del penthouse.

Reinando en vida

La cuestión que sigue es identificar el marco de tiempo en el que sucede esta exaltación en Cristo y se nos permite compartir Su autoridad. Romanos 5:17 nos da la respuesta: «Pues si por la transgresión de uno solo reinó la muerte, mucho más reinarán en vida por uno solo, Jesucristo, los que reciben la abundancia de la gracia y del don de la justicia».

A causa del pecado de Adán, la muerte vino sobre toda la raza humana. La muerte era un déspota, un rey que dominaba sin límites.

Pero este último versículo nos dice que podemos reinar en vida a través de Cristo. Esto no se remonta únicamente a una época futura. Es ahora mismo, *en esta vida*. Debemos estar en el trono, reinando en vida, con Jesucristo.

Observemos el contraste entre Satanás y Jesús. Satanás es un déspota. Bajo su dominio, existe una sola voluntad: la suya. Pero cuando Jesús vino a deshacer las obras del diablo, Él nos proveyó el medio para escapar de la esclavitud de las tinieblas y ser exaltados juntamente con Él. Es notable la diferencia entre la naturaleza de Dios y la de Satanás. El diablo no comparte nada con nadie; Dios, en cambio, quiere compartir sus riquezas ilimitadas con todo aquel que cree y honra Sus condiciones. Ahora mismo, Él nos invita a ocupar el trono con Él, y reinar en Su compañía, como reyes en vida.

Un reino de sacerdotes

Un pensamiento adicional sobre nuestra posición en Él aparece en el saludo del apóstol Juan a las siete iglesias: «…Al que nos amó, y nos lavó de nuestros pecados con su sangre, y nos hizo reyes y sacerdotes para Dios, su Padre…» (Apocalipsis 1:5-6).

Otras traducciones de estos versículos se inclinan por la expresión *«un reino de sacerdotes»*, pero eso no altera nuestro punto. Tenemos dos funciones en Cristo: reinar como reyes, y ministrar como sacerdotes. Ambas se alcanzan y ejercen a través de un solo elemento: la sangre de Jesús.

En cierta ocasión, hablaba con un hombre sobre el ministerio, cuando de pronto precisó, «En mi iglesia, se exigen nueve años para llegar a ser sacerdote».

Comenté: «¿No es maravilloso que el creyente pueda llegar a ser sacerdote por la sangre de Jesús en un instante?».

A través de la sangre de Jesús, hemos sido hechos reyes y sacerdotes: reyes para reinar, y sacerdotes para ofrecer sacrificios espirituales y ejercer la intercesión. Creo que estos son los tres ministerios supremos para el creyente en Cristo: reinar, ofrecer sacrificios, e interceder. En Apocalipsis 5:9-10, encontramos el mismo pensamiento, expresado en una canción de adoración a Cristo:

«Digno eres de tomar el libro y de abrir sus sellos; porque tú fuiste inmolado, y con tu sangre nos has redimido para Dios,

de todo linaje y lengua y pueblo y nación; y nos has hecho para nuestro Dios reyes y sacerdotes, y reinaremos sobre la tierra».

Otra vez, somos llamados «reyes y sacerdotes». Aun cuando Pedro utiliza el término «real sacerdocio» (ver 1 Pedro 2:9), la combinación de ambas dignidades confirma lo dicho.

Esto es muy interesante, porque, al presentarse unidas, se apunta al hecho de que Jesús era sumo sacerdote según el orden de Melquisedec (ver Hebreos 6:20; 8:6). De eso se trataba el sacerdocio original. Melquisedec es presentado en Génesis 14:18 como «rey de Salem» y «sacerdote del Dios Altísimo». *Melquisedec* en hebreo significa «rey de justicia» (ver Hebreos 7:2). También es el rey de Salem, que significa «rey de paz». En Melquisedec, estos dos grandes oficios se integran y armonizan.

Bajo la ley de Moisés, el sacerdocio y el reinado estaban separados. Los reyes pertenecían a la tribu de Judá, mientras el sacerdocio era tarea de la tribu de Leví. Pero, siendo Cristo sumo sacerdote según el orden de Melquisedec, las dignidades de rey y sacerdote fueron reunificadas en una sola persona.

Para nosotros, todo esto tiene un significado: Estamos en la misma posición, por medio de Cristo. Somos reyes y sacerdotes. David era rey bajo la ley, así que no podía ser sacerdote. Aarón era sacerdote, pero no podía ser rey. En Cristo, podemos ser ambas cosas.

Tres ámbitos

Miremos otro versículo que revela el dominio total y completo de Cristo. En Apocalipsis 1:18, Jesús proclama: «(Yo soy)… el que vivo, y estuve muerto; mas he aquí que vivo por los siglos de los siglos, amén. Y tengo las llaves de la muerte y del Hades». Jesús tiene las llaves de los tres reinos: el del cielo, el de la tierra (ver ambos en Mateo 28:18), y el reino debajo de la tierra (del Hades y de la muerte). Esta misma autoridad ha sido dada ahora al creyente, a fin de que la ejerza para el Señor, en representación Suya.

Adán fue creado en forma visible a la imagen de Dios, y Dios le dio dominio sobre toda la tierra. Él era el representante personal visible autorizado por Dios y delegado para ejercer Su autoridad sobre toda la creación.

De la misma manera, en Cristo somos los representantes personales visibles, delegados para ejercer Su autoridad en Su Nombre. Pero la «jurisdicción» de nuestra autoridad no está limitada a la tierra donde Adán tenía dominio. Como declara un gran himno: «*Las bendiciones que se perdieron en Adán son más que restauradas en Cristo*». ¡Esto es muy cierto! En Cristo no solamente recibimos el dominio terrenal, sino también un dominio espiritual que cubre los tres ámbitos: el cielo, la tierra, y el reino debajo de la tierra.

En el próximo capítulo, veremos la tercera forma de revertir los resultados de la caída de Adán: el dominio espiritual sobre los demonios que nos atormentan aquí en la tierra. Más adelante entenderemos cómo, por la victoria que tenemos a través de Jesús, podemos ser instrumentos para despojar el reino de Satanás de los lugares celestiales.

AUTORIDAD SOBRE LOS DEMONIOS

En los últimos capítulos hemos visto cómo la redención de Jesucristo deshizo las obras de Satanás de dos maneras significativas. Primero, aseguró nuestra posición como una nueva creación a la imagen de Dios. En segundo lugar, nos puso aquí en la tierra como los representantes de Cristo, visibles y con autoridad.

Hablaremos ahora de cómo fue revertido el tercer efecto de la caída de Adán, momento en que la raza humana quedó sujeta al tormento y control de los demonios. Podemos revertir eso porque, como creyentes en Cristo, tenemos autoridad sobre los demonios. Una parte de nuestra salvación en Cristo provee la liberación personal del temor y la opresión causados por los espíritus malignos; una vez libres, nos lleva a reconocer que tenemos autoridad sobre ellos.

El capítulo uno de Lucas presenta la profecía de Zacarías, el padre de Juan el Bautista. Este evento introduce la dispensación del Evangelio, de la cual Juan era el precursor. Zacarías dijo, haciendo referencia al cumplimiento de las promesas de Dios que fueron dadas en el Antiguo Testamento: « (Dios) …habló por boca de sus santos profetas…salvación de nuestros enemigos, y de la mano de todos los que nos aborrecieron» (Lucas 1:70-71).

En Cristo, experimentamos esta verdad. Somos salvos «de nuestros enemigos, y de la mano de todos los que nos aborrecieron». Satanás y sus ángeles, operan en los cielos a una escala global. Pero nuestros enemigos cercanos son demonios o espíritus malignos que nos atormentan y amargan nuestro entorno más íntimo.

Vivir sin temor

Lucas provee más información sobre cómo podemos actuar en esta área para vencer el mal: «Que, librados de nuestros enemigos, sin temor le serviríamos en santidad y en justicia delante de él, todos nuestros días» (Lucas 1:74-75).

La verdad sobresaliente de estos versículos es: No podemos servir a Dios en santidad y en justicia todos los días de nuestra vida hasta ser liberados de nuestros enemigos. La liberación del mal es clave para servir en plenitud, y los enemigos a los que se refieren las Escrituras son, principalmente, espíritus inmundos. La persona que no ha recibido una liberación completa no está exenta del temor a la hora de servir. Este es el caso de una multitud de cristianos sinceros involucrados en el servicio, pero que no han sido liberados del temor. ¿Por qué? La razón es que no han sido liberados totalmente de la aflicción y el hostigamiento de los espíritus del maligno. Dios nos ofrece una liberación que permitirá servirle sin temor, en santidad y en justicia, durante toda nuestra vida. No nos referimos a un mundo futuro, sino a una liberación inmediata, ahora mismo y en este mundo. Podemos disfrutar de una liberación plena y absoluta del tormento y la opresión de todos los espíritus demoníacos.

He encontrado muy pocos creyentes que sirvan sin miedo. La mayoría de los cristianos temen que algún mal pueda ocurrirles como retaliación, sea por la culpa o por tormentos que lleguen a afectar su vida espiritual, su salud física, o el área financiera, tal vez trayendo sobre ellos pobreza o frustración.

Personalmente, noto que al despertar, casi a diario, el temor ya está en la puerta buscando cómo entrar. Si no recurro de inmediato a mi posición en Cristo y empiezo a alabar a Dios dándole gracias por quien soy en Su Hijo, no pasaré ese día en completa libertad. Un temor fastidioso y atormentador quiere atacar mi mente. Me miro en el espejo mientras me afeito y digo «Te doy gracias, Jesús, por haber tomado mis debilidades. Llevaste mis enfermedades y, por Tus llagas fui curado, estoy sano».

Al repetir esto tres veces, ya lo estoy creyendo. Cada día tengo que reafirmar mi posición en Cristo. No sé si pase lo mismo con todo el mundo, pero pienso que lo que uno hace en los primeros cinco minutos del día, por lo general determina cómo será el resto de la jornada. No hablo de pasar horas en oración; sencillamente, es cuestión de recordar en todo momento quiénes somos en Cristo, y la posición que tenemos en Él. Usted debe repetir para sí lo que Cristo hizo venciendo al diablo, y que este no tiene lugar en su vida. Usted y yo podemos servir a Jesús sin temor, porque hemos sido liberados de la mano de nuestros enemigos.

Tratar con los demonios

Como resultado de la obra de Cristo, no solo somos liberados del temor a los demonios; también del engaño que solo trata de ocultar la «otra cara de la moneda»: *Los demonios deben temernos.* Créame, sí, lo hacen. Buscan esconder de nosotros esta verdad, y su arma principal es dicho engaño. Muchas veces he debido enfrentar a un demonio que rugía como león, gritaba y pronunciaba blasfemias. Sin embargo, cuando ejercí la autoridad de Cristo, empezó a gemir y llorar como niño malcriado.

Es evidente que Jesús nos ha dado autoridad sobre los espíritus demoníacos. Mateo 10:1 confirma este hecho: «Entonces llamando a sus doce discípulos, les dio autoridad sobre los espíritus inmundos, para que los echasen fuera, y para sanar toda enfermedad y toda dolencia». El uso de la palabra «toda» nos deja entender el alcance de la autoridad que hemos recibido de Él.

En cierto punto de Su ministerio, Jesús designó a setenta discípulos y los envió delante de Él para preparar su camino. Cuando regresaron, estos emisarios anunciaron su emocionante descubrimiento: «Volvieron los setenta con gozo, diciendo: Señor, aun los demonios se nos sujetan en Tu nombre» (Lucas 10:17).

¡Era un hallazgo asombroso para hombres que habían observado los efectos de la opresión demoníaca durante toda su vida! «¡Cuando echamos fuera los demonios en el nombre de Jesús, ellos salen!»

Me acuerdo de una ocasión en que prediqué sobre la liberación. La iglesia estaba llena y, cuando iba terminando mi sermón, una mujer se puso de pie y empezó a gritarme palabras ofensivas. Obviamente no era esta mujer la que hablaba, sino un demonio. Interrumpí el mensaje y dije: «Satanás, me has desafiado públicamente. Soy siervo de Jesucristo, por eso tienes que humillarte públicamente». Luego agregué, sin vacilar: «En el nombre de Jesús, te ordeno arrodillarte delante de mí».

No suelo actuar así, ni creo que se repita otro caso igual, pero en esta ocasión sentí que había sido guiado por el Espíritu Santo. Hubo una pausa de tres o cuatro minutos. Después, la mujer cayó de rodillas allí mismo, en la banca, ante el asombro de la congregación que no dejaba de observarla. ¡Luego supe que era cónyuge de uno de los diáconos!

Más tarde, cuando mi esposa estaba orando con ella, la señora admitió:«Yo sabía que tenía un espíritu malo, pero cada vez que buscaba ayuda, me decían «Tú eres cristiana, es imposible que tengas un espíritu malo». Sin embargo, ella sabía que tenía la razón, y esa noche fue liberada de un espíritu de depresión.

Al día siguiente, la señora nos confesó: «Por la noche me acosté sabiendo que ya estaba libre». Inesperadamente añadió: «Hermano Prince, puede ser que usted no me crea, pero ese espíritu llegó, se sentó en la cobija, y me dijo: «Volveré». Pero yo le dije: «No, no lo harás», ¡y se fue!

Este episodio demuestra lo real del conflicto al que nos referimos.

Examinemos las palabras de Jesús a los setenta cuando volvieron: «He aquí os doy potestad [...] sobre toda fuerza del enemigo, y nada os dañará» (Lucas 10:19). ¿Cuántos cristianos creen eso? La promesa incluye toda gripa, todo virus; *nada* nos dañará.

Creo que podemos regocijarnos cuando vemos la liberación de la humanidad que había estado cautiva. Es una justa causa para el regocijo. Claramente, esta autoridad sobre «toda fuerza del enemigo» constituye un privilegio, que fue afectado por la caída de Adán, pero que ahora podemos restablecer en el nombre de Jesús.

7

LIBRADO DE LA INUTILIDAD

Hemos venido escudriñando tres importantes áreas donde la nueva raza en Cristo, la redimida que está llamada a vencer al enemigo en este tiempo, tiene que revertir los efectos de la caída de Adán. Estas áreas son: vivir como una nueva creación a la imagen de Jesucristo; demostrar la autoridad que Jesús nos ha dado; y ejercer esa autoridad sobre los espíritus inmundos que nos desafían. En este capítulo, examinaremos la cuarta área en nuestra redención de la caída de Adán, que es ser *librados de la inutilidad*.

A causa de la caída, todo el dominio original de la creación se tornó inútil, es decir, privado de cualquier utilidad o propósito. La inutilidad se define como «un fin que es solamente fracaso y frustración». Un aspecto de nuestra responsabilidad como nueva raza en Cristo es ser instrumento de redención a favor de toda la creación para anular el efecto de la inutilidad.

Las Escrituras explican esto como una parte del completo plan de redención.

Porque el anhelo ardiente de la creación es el aguardar la manifestación de los hijos de Dios. Porque la creación fue sujetada a vanidad, no por su propia voluntad, sino por causa del que la sujetó en esperanza; porque también la creación misma será libertada de la esclavitud de corrupción, a la libertad gloriosa de los hijos de Dios.

Porque sabemos que toda la creación gime a una, y a una está con dolores de parto hasta ahora; y no solo ella, sino también nosotros mismos, que tenemos las primicias del Espíritu, nosotros también gemimos dentro de nosotros mismos, esperando la adopción, la redención de nuestro cuerpo.

Romanos 8:19-23

La inutilidad y la corrupción continuarán hasta que los hijos de Dios sean resucitados y manifestados en gloria. Toda la creación está esperando este evento; entre tanto, sufre los dolores de parto de este nacimiento.

Cada creyente nacido de nuevo por fe en Cristo recibe la potestad de ser hecho hijo de Dios (Juan 1:12). La redención de la creación llegará solamente cuando nuestros cuerpos sean resucitados y transformados a la semejanza del cuerpo resucitado de Jesús.

La inutilidad llegó a la creación por la caída de la raza de Adán, y la redención de la creación llegará con la restauración de esta misma raza. El plan de Dios es absolutamente perfecto en cada detalle.

Colosenses 3:3-4 ofrece importantes detalles sobre esta premisa de la redención que resultará gracias a que somos hechos una nueva creación: «Porque habéis muerto, y vuestra vida está escondida con Cristo en Dios. Cuando Cristo, vuestra vida, se manifieste, entonces vosotros también seréis manifestados con él en gloria».

Usted tiene una vida invisible que no se percibe a través de los sentidos. El mundo no la puede ver, porque está escondida con Cristo en Dios. Para mí, una de las declaraciones más asombrosas de todas las Escrituras es *Cristo, vuestra vida*. Por el momento esta vida escondida con Cristo en Dios se encuentra en los cielos, donde no es posible verla. Pero cuando Cristo, Quien es nuestra vida, se manifieste, también nosotros apareceremos con Él en gloria.

Esta manifestación de la gloria de los hijos de Dios es la misma a la que se refiere Pablo en Romanos 8:21. Cuando Jesús, el Hijo de Dios, se manifieste en Su gloria, nosotros, juntamente con Él, compartiremos Su semejanza física. En ese momento, la revelación de la gloria de los hijos de Dios en la resurrección, proclamará la redención de la creación.

El milenio

Esta redención, según lo entiendo, ocurrirá en dos etapas sucesivas. Primero, sobrevendrá un período de mil años llamado *el milenio*, cuando Cristo reinará sobre la tierra, con Jerusalén como epicentro de Su gobierno. Durante este tiempo, se anulará la inutilidad en forma parcial. Al finalizar el milenio, vendrán días en los que Dios obrará la perfección de la redención.

El profeta Isaías nos presenta un cuadro del reino de Dios en el milenio.

Juzgará con justicia a los pobres, y argüirá con equidad por los mansos de la tierra; y herirá la tierra con la vara de su boca, y con el espíritu de sus labios matará al impío.

Y será la justicia cinto de sus lomos, y la fidelidad ceñidor de su cintura. Morará el lobo con el cordero, y el leopardo con el cabrito se acostará; el becerro y el león y la bestia doméstica andarán juntos, y un niño los pastoreará. La vaca y la osa pacerán, sus crías se echarán juntas; y el león como el buey comerá paja.

Isaías 11:4-7

Cuando Él hiere la tierra «con la vara de su boca», debe entenderse Su venida en juicio a favor de los mansos, los oprimidos y maltratados. Creo que el impío que resulta muerto es el Anticristo, porque las Escrituras revelan que el Anticristo será consumido por el espíritu de la boca del Señor (2 Tesalonicenses 2:8).

Una parte de la inutilidad latente en la creación, es la crueldad y ferocidad que vemos en el reino animal por causa de la caída de Adán. Al principio no fue así, ya que en la creación original, ningún animal cazaba ni se comía a otro. Lo que deduzco es que la violencia del reino animal fue obra de las huestes demoníacas que llegaron cuando el reino de Adán fue entregado a Satanás.

Es la influencia demoníaca la que hace feroz al león y cruel al felino. Me contaron de un misionero en África que fue atacado por un león. Cuando iba a ser despedazado, logró exclamar «¡Jesús!». Al pronunciar Su nombre, el león huyó. Aparentemente el animal reconoció la autoridad del nombre de Jesús.

Alguien dijo una vez: «La naturaleza se viste de colmillos y garras», pero no siempre fue así. Tal condición hace parte de la inutilidad. Cuando esta finalmente sea invalidada, el león comerá pasto como el buey. Este cuadro de tranquilidad es ampliado en Isaías 11:8-9:

Y el niño de pecho jugará sobre la cueva del áspid, y el recién destetado extenderá su mano sobre la caverna de la víbora. No harán mal ni dañarán en todo mi santo monte; porque la tierra será llena del conocimiento de Jehová, como las aguas cubren la mar.

Así será la vida en el milenio, cuando la gracia de Dios revoque la maldición. Podemos inferir que en el arca de Noé debió permitirse una admirable dispensación de la gracia de Dios, para que Noé no tuviera que lidiar con peleas entre todos esos animales reunidos durante varios meses. Cada animal que entró en el arca experimentó un cambio de naturaleza, al menos en forma temporal.

El arca de Noé es una ilustración de la vida en Cristo. Cuando ya estamos en Él, dejamos de odiarnos los unos a los otros, dejamos de despreciar a otras razas, y empezamos a amarnos mutuamente. Si usted no ha experimentado este cambio de naturaleza, dudo que realmente haya entrado en el arca.

Isaías nos proporciona una descripción más del milenio:

Porque he aquí que yo crearé nuevos cielos y nueva tierra; y de lo primero no habrá memoria, ni más vendrá al pensamiento. Mas os gozaréis y os alegraréis para siempre en las cosas que yo he creado; porque he aquí que yo traigo a Jerusalén alegría, y a su pueblo gozo. Y me alegraré con Jerusalén, y me gozaré con mi pueblo; y nunca más se oirán en ella voz de lloro, ni voz de clamor. No habrá más allí niño que muera de pocos días, ni viejo que sus días no cumpla; porque el niño morirá de cien años, y el pecador de cien años será maldito.

Isaías 65:17-20

Durante este período no existirá la muerte prematura; todos vivirán la totalidad de sus años. Todavía existirán pecadores, pero aún ellos se gozarán de la gracia de Dios. Este tiempo, sin embargo, no significa la completa redención final.

El cumplimiento de los tiempos

Si miramos más allá del milenio a lo que se llama la «dispensación del cumplimiento de los tiempos» o «el cumplimiento de los propósitos de Dios en el tiempo», hallaremos la completa redención, que anula toda inutilidad y corrupción. Pablo dilucida el asunto, refiriéndose a esta obra terminada: «Dándonos a conocer el misterio de su voluntad, según su beneplácito, el cual se había propuesto en sí mismo, de reunir todas las cosas en Cristo, en la dispensación del cumplimiento de los tiempos, así las que están en los cielos, como las que están en la tierra» (Efesios 1:9-10).

«El cumplimiento de los tiempos» al que Pablo se refiere es la dispensación posterior al milenio, que es la consumación de los propósitos de Dios para todas las edades. Primera de Corintios 15:28 expone la misma verdad, precisando que Cristo entregará el reino al Padre para que «Dios sea todo en todos». Tendremos un lugar especial en esa dispensación, porque antes habíamos confiado en Cristo. Entonces, a través de todas las edades, seremos para la alabanza de la gloria de Su gracia.

El apóstol Juan nos describe con una de las ilustraciones más completas de la redención final, que remueve por siempre la inutilidad.

Vi un cielo nuevo y una tierra nueva; porque el primer cielo y la primera tierra pasaron, y el mar ya no existía más. Y yo Juan vi la santa ciudad, la nueva Jerusalén, descender del cielo, de Dios, dispuesta como una esposa ataviada para su marido y oí una gran voz del cielo que decía: He aquí el tabernáculo de Dios con los hombres, y él morará con ellos; y ellos serán su pueblo, y Dios mismo estará con ellos como su Dios. Enjugará

Dios toda lágrima de los ojos de ellos; y ya no habrá muerte, ni habrá más llanto, ni clamor, ni dolor, porque las primeras cosas pasaron.

Apocalipsis 21:1-4

Esta es una ilustración de la plena redención que quita la inutilidad en todas sus formas: las luchas, tristezas, dolores de parto, enfermedades, y todo malestar son retirados. Continúa la descripción:

Vino entonces a mí uno de los siete ángeles que tenían las siete copas llenas de las siete plagas postreras, y habló conmigo, diciendo: Ven acá, yo te mostraré la desposada, la esposa del Cordero.

Apocalipsis 21:9

Lo que el ángel le mostró a Juan era la Nueva Jerusalén. Recordemos que la Nueva Jerusalén no es el cielo, sino la última manifestación de la Iglesia, que es la creación en la que vivirá Dios. Tal es Su propósito supremo: hacer de nosotros una habitación desde la cual Él se ponga a disposición de toda la creación. El resultado es revelado en los siguientes versículos:

Y las naciones que hubieren sido salvas andarán a la luz de ella; y los reyes de la tierra traerán su gloria y honor a ella. Sus puertas nunca serán cerradas de día, pues allí no habrá noche. Y

llevarán la gloria y la honra de las naciones a ella.
Versículos 24-26

Como pueblo redimido por Dios, seremos el centro del universo. ¿De qué forma puede ocurrir esto? Sucederá porque Dios estará viviendo en nosotros, y seremos el lugar a donde todas las naciones que están en el mundo traerán su adoración y honor. Ahora bien, respecto a ese punto, hay que recordar que no existirá la vanidad. Toda enemistad, conflicto y separación serán eliminados. Toda maldición, dolor y enfermedad desaparecerán, por lo cual, no existirá nada que pueda dividir o causar amargura.

Asimismo toda inutilidad será erradicada, cambio que estará centrado en la nueva creación en Cristo, la Novia del Cordero. Tal como la inutilidad llegó por el primer Adán, será expulsada a través de la nueva raza en el postrer Adán, Jesucristo.

VENCIENDO EL REINO DE SATANÁS

En los capítulos anteriores, hemos tratado cuatro de las cinco áreas sanadas por la obra redentora de Cristo para revertir los efectos de la caída de Adán. En este, veremos la quinta área donde la Iglesia derrotará al enemigo, por la victoria de Cristo en la cruz.

La última consecuencia de la caída de Adán era la identificación de su raza con la culpa de Satanás, y haber quedado sujeta al juicio de Dios. Ahora, por medio de la muerte y resurrección de Cristo, la nueva raza se ha identificado con Su justicia. Esto significa que tenemos autoridad sobre Satanás, sobre todo su reino, y sobre todas sus fuerzas. Ahora nos hemos convertido en los instrumentos que Dios usará para someter el reino del enemigo. Creo que esta es la gran verdad que el diablo pretende esconder del creyente.

Más que vencedores

Vamos a empezar por Romanos 5:1: «Justificados, pues, por la fe, tenemos paz para con Dios por medio de nuestro Señor Jesucristo». Somos justificados y declarados justos. Mi definición de *justificado* es ser declarado libre de la culpa del pecado. Además, Pablo afirma: «Ahora, pues, ninguna condenación hay para los que están en Cristo Jesús» (Romanos 8:1). Si estamos en una posición libre de condenación, entonces la nuestra es una posición invencible. Pablo continúa diciendo:

¿Quién acusará a los escogidos de Dios? Dios es el que justifica. ¿Quién es el que condenará? Cristo es el que murió; más aún, el que también resucitó, el que además está a la diestra de Dios, el que también intercede por nosotros.

¿Quién nos separará del amor de Cristo…? Versículos 33-35

Observemos estas tres preguntas: ¿Quién acusará a los escogidos de Dios? ¿Quién es el que condenará? ¿Quién nos separará? La respuesta es que el amor de Jesucristo cubre todo.

Como está escrito: Por causa de ti somos muertos todo el tiempo; somos contados como ovejas de matadero. Antes, en todas estas cosas somos más que vencedores por medio de aquel que nos amó. Por lo cual estoy seguro de que ni la muerte, ni la vida, ni ángeles, ni principados, ni potestades, ni lo presente, ni lo por venir, ni lo alto, ni lo profundo, ni ninguna otra cosa creada nos podrá separar del amor de Dios, que es en Cristo Jesús Señor nuestro. Versículos 36-39

Considere esta asombrosa verdad: Ni ángeles, ni principados ni potestades tendrán dominio alguno sobre nosotros. ¿Por qué? Se debe a que, en Cristo, hemos sido exaltados «sobre todo principado y autoridad y poder y señorío, y sobre todo nombre que se nombra, no solo en este siglo, sino también en el venidero» (Efesios 1:21). La base de esta posición de victoria que nos es propicia, es el reconocimiento de nuestra justicia en Cristo. Pablo dijo: «Al que no conoció pecado, por nosotros lo hizo pecado, para que nosotros fuésemos hechos justicia de Dios en él» (2 Corintios 5:21).

Ya no somos culpables ni estamos sujetos a condenación, porque hemos sido hechos justos, como si nunca hubiéramos pecado. Por la justicia de Cristo, ahora tenemos autoridad sobre el reino de Satanás, y hemos llegado a ser los instrumentos para derrocar el reino de Satanás.

Una transformación total

Otros versículos enfatizan nuestra autoridad y posición en Cristo. Es importante que esta verdad sea implantada en lo profundo de nuestro corazón. Consideremos Colosenses 1:13: « …(Dios) nos ha librado de la potestad (*autoridad*) de las tinieblas, y trasladado al reino de su amado Hijo». *Trasladado* significa, en este contexto, un movimiento total de espíritu, alma, y cuerpo. Dos hombres fueron traspuestos en el Antiguo Testamento: Enoc y Elías. Ambos subieron a la presencia de Dios. De la misma manera, usted y yo hemos sido trasladados fuera del alcance de la autoridad de las tinieblas al reino del amado Hijo de Dios, en espíritu, alma, y cuerpo. Ya no estamos más bajo la autoridad de Satanás; sino en el reino de Dios en Cristo. *Satanás no tiene ningún derecho sobre nosotros ni ningún reclamo que hacernos.*

Pablo oró por los creyentes, pidiendo que todo su ser, «…espíritu, alma y cuerpo, [...] *(fuera)* guardado irreprensible para la venida de nuestro Señor Jesucristo» (1 Tesalonicenses 5:23). Esta acción de Dios confirma un traslado. No se trata de algo parcial que deje una parte de nuestro ser bajo la autoridad de Satanás. Hemos sido trasladados totalmente de un reino a otro.

Miremos también 2 Corintios 10:4-5: «Porque las armas de nuestra milicia no son carnales, sino poderosas en Dios para la destrucción de fortalezas…»

En esta guerra espiritual a la cual estamos llamados en Cristo, tenemos todas las armas necesarias para la «destrucción de fortalezas» de Satanás y de «toda altivez que se levanta contra el conocimiento de Dios». Tome un momento para meditar en el significado de *toda altivez que se levanta contra el conocimiento de Dios*. Esto incluye la totalidad del reino de Satanás. El pasaje demuestra que Dios nos ha provisto las armas para derribar ese reino.

El último gran conflicto

Jesús dijo: «…Sobre esta roca edificaré mi iglesia; y las puertas del Hades no prevalecerán contra ella» (Mateo 16:18). Primero expondré lo que este versículo *no* dice. La iglesia no está recibiendo un ataque dentro de una ciudad, donde el diablo falla al intentar tumbar las puertas. El pasaje indica, por el contrario, que *la Iglesia atacará las puertas del Hades*, y estas no podrán impedir la entrada de la Iglesia, porque Jesús tiene las llaves de la muerte y del Hades (ver Apocalipsis 1:18).

Dicha verdad también se afirma en Romanos 16:20, donde Pablo comunica a los creyentes en Roma que «…

el Dios de paz aplastará en breve a Satanás bajo vuestros pies…». Cuando la Iglesia adopte una posición firme respecto a la autoridad que Cristo nos ha dado, Satanás será aplastado bajo los pies de los creyentes.

Apocalipsis explica el último gran conflicto de este tiempo, cuando Satanás y sus ángeles serán echados fuera del cielo: «Y ellos le han vencido por medio de la sangre del Cordero y de la palabra del testimonio de ellos, y menospreciaron sus vidas hasta la muerte» (Apocalipsis 12:11).

En otras palabras, son los creyentes que viven en la tierra quienes ganarán la victoria sobre Satanás. Nuestra victoria hará que él sea echado del reino rebelde en los lugares celestes, una verdad que el último capítulo de este libro explicará en detalle.

Mi creencia sobre el particular es ésta: el diablo busca mantenernos en ignorancia. Si hay una verdad que él trata de esconder de nosotros para que no la entendamos, es que tenemos la autoridad para acabar con su reino. Hasta que lo comprendamos, no lo haremos. Pero luego de haberlo hecho, tenemos que decidirnos a actuar.

El tema del próximo capítulo es cómo Dios quiere preparar a Su Iglesia para el conflicto que se aproxima.

EL PROGRAMA DE DIOS PARA EL FINAL DE LOS TIEMPOS

Hemos visto cinco maneras en que la nueva raza de creyentes en Cristo puede revertir los efectos de la caída de Adán. Primero, el cambio que ocurrió en la naturaleza de Adán es revertido cuando nosotros, como creyentes, llegamos a ser participantes de la naturaleza divina, y escapamos de la corrupción que hay en el mundo.

Segundo, la autoridad que Satanás usurpó luego de despojar a Adán, ahora ha sido restaurada a Cristo. Por medio de Jesucristo, esta autoridad es transferida a la nueva raza, que es la Iglesia, y debe ser ejercida por esta, para la gloria de nuestro Señor.

Tercero, los creyentes han sido librados de la lucha contra los espíritus malignos y el control de ellos. De hecho, los creyentes han recibido autoridad sobre los espíritus inmundos, y en el nombre de Jesús, ejercen esta autoridad.

Cuarto, se elimina la condición de vanidad e inutilidad que sujetó a la creación como resultado de la caída de Adán. La creación será librada de la inutilidad a través de la restauración, en lo que la Biblia llama la manifestación de la gloria de los hijos de Dios. Esto tiene relación con la resurrección de los creyentes, la plenitud de los propósitos de Dios, y las dispensaciones después de la resurrección.

Quinto, con la caída de Adán, esta raza llegó a identificarse con Satanás en su culpa y rebelión; pero por la redención de Cristo, la nueva identidad de los creyentes es en Él y en Su justicia. Ahora tienen la comisión de ser los instrumentos para deponer el reino de Satanás.

Una obra de restauración

Habiendo anticipado la batalla contra el mal en los tiempos finales, tenemos que entender ahora cómo Dios nos va a ayudar. Muchos pasajes de las Escrituras dicen que, al final de la presente edad maligna, vendrá una intervención especial de Dios, proveyendo una gracia soberana a favor de Su pueblo. Esto no será algo que merezcamos o que hayamos logrado, sino la movilización de los recursos de la gracia de Dios, para cumplir la misión que nos ha sido encomendada como nueva raza.

En el día de Pentecostés, después de la llegada del Espíritu Santo y la primera manifestación de la Iglesia de Jesucristo en poder y autoridad, el apóstol Pedro proclamó el propósito de Dios para los tiempos finales. Citó al profeta Joel, diciendo:

Mas esto es lo dicho por el profeta Joel: Y en los postreros días, dice Dios, derramaré de mi Espíritu sobre toda carne, y vuestros hijos y vuestras hijas profetizarán; vuestros jóvenes verán visiones, y vuestros ancianos soñarán sueños; y de cierto sobre mis siervos y sobre mis siervas en aquellos días derramaré de mi Espíritu, y profetizarán. Y daré prodigios arriba en el cielo, y señales abajo en la tierra, sangre y fuego y vapor de humo; el sol se convertirá en tinieblas, y la luna en sangre, antes que venga el día del Señor, grande y manifiesto; y todo aquel que invocare el nombre del Señor, será salvo.

Hechos 2:16-21

Este pasaje es una declaración del Dios omnipotente acerca de lo que Él hará. Muchas de las promesas de la Palabra de Dios son condicionales; es decir, es necesario que algo se haga antes de que Dios cumpla Su promesa. En palabras coloquiales, el creyente debe «llenar un requisito» para recibirla. Pero en el caso de *esta* promesa, es incondicional, se cumple sin ningún requisito. Dios dice «Derramaré de mi Espíritu sobre toda carne». Él no dice que lo hará «si las iglesias se unen» o «si los teólogos están de acuerdo». Si ese fuera el caso, tendríamos que esperar para siempre. Dios ha declarado que en algún momento, sin nosotros merecerlo o reunir determinados requisitos, Él obrará a favor de Su pueblo, derramando Su Espíritu sobre toda carne. Creo que estamos viviendo justamente en esos días.

El último derramamiento del Espíritu Santo ocurrirá justo antes del regreso del Señor Jesucristo, y será un derramamiento universal. En la iglesia primitiva se apreciaba un enorme y maravilloso mover del Espíritu Santo, pero no alcanzó a toda carne. Nosotros mismos hemos visto muchas obras asombrosas de Dios, pero creo que apenas eran un pequeño anticipo de lo que Dios hará en el cumplimiento de esta declaración.

Cuatro etapas

Vemos una referencia más acerca de la intervención divina al final de estos tiempos en otro pasaje de Hechos, cuando Pedro, después de la sanidad del cojo, se dirige al pueblo:

Así que, arrepentíos y convertíos, para que sean borrados vuestros pecados; para que vengan de la presencia del Señor tiempos de refrigerio, y que él envíe a Jesucristo, que os fue antes anunciado; a quien de cierto es necesario que el cielo reciba hasta los tiempos de la restauración de todas las cosas, de que habló Dios por boca de sus santos profetas que han sido desde tiempo antiguo.

Hechos 3:19-21

En su mensaje, Pedro revela cuatro etapas que cerrarán el tiempo actual:

Primero, el pueblo de Dios se arrepiente y vuelve a Él.

Segundo, habrá tiempos de refrigerio.

Tercero, habrá tiempos de restauración.

Cuarto, Cristo regresa.

La primera etapa que describe Pedro es la del *arrepentimiento*. Antes de que Dios envíe una visitación poderosa de gracia divina, siempre se requiere un primer paso: el arrepentimiento del pueblo de Dios. Vemos expresado este principio en el lema de Evan Roberts durante el gran avivamiento que inundó Gales e impactó al mundo en 1904: «Se doblega la Iglesia y se mueve el mundo». El problema no es doblegar al mundo, sino doblegar a la

Iglesia. Si Dios puede cumplir Su voluntad en Su pueblo, podrá hacerlo en cualquier otra parte.

El vital principio del arrepentimiento es ilustrado con la primera venida de Jesucristo. Había un precursor ordenado por Dios, Juan el Bautista, que tenía que preparar el camino para la venida del Señor. El mensaje de Juan el Bautista puede resumirse en una sola palabra: *arrepentimiento*. El Mesías no podría revelarse hasta que el pueblo de Dios tuviera una preparación de corazón a través de este mensaje. El juicio tiene que empezar por la casa de Dios, y este es el mensaje de los tiempos finales. Si el pueblo de Dios se arrepiente y se vuelve a Él, entonces podrá llegar la segunda etapa: los tiempos de refrigerio.

La palabra *tiempos* en este versículo significa una estación específica, como la primavera o el otoño. Dios quiere dar a Su pueblo tiempos espirituales primaverales, hermosos y refrescantes. Todos se gozan con los prados verdes, cubiertos de flores, y la vida que renace en la creación durante la primavera. Tiempos refrescantes han venido sobre la Iglesia durante toda su historia, pero por períodos limitados y en lugares muy puntuales.

Desde mi comprensión de las Escrituras, el propósito de Dios para los tiempos finales contempla la llegada de un último gran derramamiento del Espíritu Santo para la Iglesia de Jesucristo. Su objetivo será producir la tercera etapa: tiempos de la restauración de todas las cosas. En este caso, la palabra *tiempos* no se refiere a una estación, sino a un período indefinido. Pedro lo presenta como una etapa culminante: «…de que habló Dios por boca de sus santos profetas que han sido desde tiempo antiguo». Dicho período de restauración será la cúspide de los tiempos, la visión anunciada por todos los profetas de Dios en el mundo.

Restaurar, según entiendo el término, significa «volver las cosas a su lugar y a su condición correctos». Este es el mensaje para esta hora. Dios está poniendo a Su gente en el lugar correcto, en la condición correcta.

La restauración de la Iglesia nos va a conducir a la etapa final, al clímax de las épocas, cuando Dios envíe a Jesucristo, a quien el cielo tiene que recibir y retener hasta que llegue la restauración de todas las cosas.

Las cuatro etapas representan el programa de Dios para cerrar este tiempo.

No nos concentraremos en los detalles de cada etapa, porque esto excedería el enfoque del presente estudio. Sin embargo, examinaremos más a fondo la tercera etapa, *los tiempos de restauración,* porque se relaciona de manera muy directa con la Iglesia y su victoria sobre el reino de Satanás en el conflicto final.

LA RESTAURACIÓN DE LA IGLESIA

En el plan de Dios para la restauración, ¿qué le espera a la Iglesia? Para contestar esta pregunta, los próximos capítulos se centrarán en dicho plan, que Dios quiere llevar a cabo en la Iglesia, con cuatro fases de preparación. Después, veremos los tres objetivos culminantes para la Iglesia antes del desenlace de los tiempos finales.

Estas cuatro etapas de preparación que Dios ha previsto para la Iglesia no tienen que cumplirse en un orden específico. Algunas pueden ocurrir simultáneamente:

Primero, el pueblo de Dios se reagrupará para exaltar a Jesucristo por obra del Espíritu Santo.

Segundo, el pueblo de Dios será liberado de influencias demoníacas.

Tercero, el pueblo de Dios tendrá una capacitación renovada por el poder sobrenatural del Espíritu Santo.

Cuarto, el pueblo de Dios se reagrupará como cuerpo unificado.

Un estándar resaltado

Entrando en la primera fase de la preparación que Dios obrará en su Iglesia, encontramos en Isaías 59:19 una maravillosa promesa de la gracia de Dios para Su pueblo: «…Vendrá el enemigo como río, mas el Espíritu de Jehová levantará bandera contra él».

Precisamente cuando el pueblo de Dios necesita al Señor con urgencia, y el enemigo lo ataca de manera impetuosa ganando terreno en cada área, Dios dice que «el Espíritu de Jehová levantará bandera» contra tal adversario. Al observar la compleja situación que vive gran parte del mundo, cualquier cristiano puede notar que, desde la Segunda Guerra Mundial, en la mayoría de las naciones el enemigo ha entrado como un río desbordado. Esta incursión ha impactado los cimientos de la vida nacional: la iglesia, los seminarios, los sistemas educativos, la vida política, los principios éticos, la moral, y los sistemas económicos. Así que no exageramos al afirmar que Satanás y sus obras de las tinieblas han devastado como inundación varias sociedades.

Mi propósito al comentar esto no es destacar lo que el diablo está haciendo, sino señalar precisamente que, donde el enemigo parece arrasar con todo su ímpetu, podemos esperar la intervención de Dios. Ahora mismo, el Espíritu del Señor está levantando el estandarte contra el enemigo.

Actualmente, alrededor del mundo, hay una intervención divina real y soberana del Espíritu Santo en la Iglesia de Jesucristo. Este pasaje de Isaías 59:19 es uno de los versículos claves que debemos tener en cuenta en los días que vivimos.

Jesús como estandarte

El Espíritu Santo levanta un solo estandarte. No es una doctrina, una denominación, una institución o un movimiento especial. Es una Persona: el Señor Jesucristo. Jesús dijo:

Pero cuando venga el Espíritu de verdad, él os guiará a toda la verdad; porque no hablará por su propia cuenta, sino que hablará todo lo que oyere, y os hará saber las cosas que habrán de venir. Él me glorificará; porque tomará de lo mío, y os lo hará saber.

Juan 16:13-14

El propósito supremo del Espíritu Santo es interpretar y revelar todos los aspectos de Jesucristo para glorificarlo y magnificarlo. La única persona a quien el Espíritu Santo exaltará y levantará es el Hijo de Dios. Una sencilla frase que resume esta realidad es Hebreos 13:8: «Jesucristo es el mismo ayer, y hoy, y por los siglos».

Creo que esta premisa refleja justamente lo que el Espíritu Santo comunica a la Iglesia: *Jesucristo no ha cambiado.* Nada ha disminuido de Su gloria, Su fidelidad o Su poder. Él sigue siendo el Salvador del pecado, el Sanador del cuerpo, El que bautiza con el Espíritu Santo, y quien libera del poder demoníaco. Aún hoy, Jesús es cabeza de la iglesia y tiene autoridad sobre todas las cosas. Nada ha alterado Su posición como el definitivo y más grande Estandarte. Agradecemos al Espíritu Santo por ayudarnos a verle tal como es y reconocerle de nuevo.

Alzando la bandera

Las banderas han sido un signo de enorme importancia para las unidades militares desde la antigüedad hasta nuestro tiempo. Durante la Segunda Guerra Mundial, en el desierto del norte de África, pertenecí por dos años a un grupo de soldados británicos conocido como los «Desert Rats». Este regimiento llegó a ser bastante famoso, al punto de inspirar un programa de televisión. Su mascota era un animalito llamado «Jerboa», una rata del desierto, por lo cual cada soldado portaba su emblema blanco en la manga izquierda. Aquel distintivo significaba mucho para esos hombres; y llegó a ser un estandarte reconocido y honorable en el ámbito militar.

En los ejércitos de la antigüedad, la persona que alzaba la bandera era clave. Cada grupo de soldados recibía instrucción para aprender a identificar, reconocer y respetar su propio estandarte. Podía ser una águila, un leopardo, o algún elemento simbólico. Si un grupo de soldados era acorralado por el enemigo o corría peligro, su oficial ordenaba al abanderado subir a una posición alta, a la vista de todos. Allí alzaba la bandera, y todos los soldados, siguiendo sus instrucciones, se reunían en torno a él. Esto mismo es lo que está pasando en la Iglesia hoy en día.

Isaías relata cómo fue vencido el ejército de Asiria cuando atacó a Judá y Jerusalén. En Isaías 10:18, el profeta describe la derrota del invasor por la intervención sobrenatural de Dios: «La gloria de su bosque…vendrá a ser como abanderado en derrota». Cuando el abanderado cae o desmaya, los soldados ya no tienen un punto de reunión. Sin el estandarte, son casi inevitables el desánimo y la derrota.

Doy gracias al Señor de que el abanderado del pueblo de Dios sea el Espíritu Santo. Con Él, no puede existir el desánimo o la debilidad. Él no duerme ni descuida Su deber. En nuestros días, el gran Comandante en jefe está indicando al abanderado que debe levantar el estandarte. Recordemos que el estandarte no es una enseñanza, movimiento o líder puramente humano. Es el Señor Jesucristo.

Lealtad a Jesús

Un importante cambio de posiciones tiene lugar ahora entre el pueblo de Dios. Algunas personas son leales a cierto movimiento, a un líder o a determinado cargo, antes de ser leales a la causa de Cristo. En definitiva, los únicos creyentes que se reunirán alrededor del estandarte del Espíritu Santo son aquellos cuya lealtad honra primeramente al Señor Jesucristo. El Espíritu Santo está levantando a Jesús, el estandarte, y el pueblo de Dios que había sido derrotado, desanimado y esparcido está recibiendo nuevas esperanzas, porque se reúne en torno a la restaurada visión de Su gloria.

En realidad, Dios no tiene otro punto de reunión para Su pueblo. La profecía que afirmaba que el Mesías vendría de la tribu de Judá declara: «No será quitado el cetro de Judá, ni el legislador de entre sus pies, hasta que venga Siloh; y a él se congregarán los pueblos» (Génesis 49:10).

La mayoría de los comentaristas bíblicos cree que *Siloh* es un nombre para el Mesías. En hebreo significa «a quien pertenece». Hay un solo punto focal para el agrupamiento del pueblo de Dios, y es el Señor Jesucristo, el Mesías. Él es Siloh; *le pertenecemos*. Él es el estandarte, fundamento y cabeza de la Iglesia.

11

LIBERACIÓN DE LOS DEMONIOS

En el último capítulo explicamos la primera de las cuatro etapas de preparación que Dios tiene para la Iglesia en estos tiempos: el reagrupamiento del pueblo de Dios para exaltar a Jesucristo por obra del Espíritu Santo.

Ahora examinaremos la segunda etapa de la preparación de la iglesia, que, según entiendo por las Escrituras, tiene que ver con la liberación de cristianos oprimidos por la invasión de un ejército de «insectos», es decir, de *espíritus malignos*, que a través de los siglos ha destruido la herencia del pueblo de Dios.

Creo que esta invasión fue pronosticada por el profeta Joel. He podido establecer que la higuera del libro de Joel representa a Israel, y que la viña representa a la Iglesia. Los dos árboles simbolizan dos pueblos con los que Dios tiene un pacto inquebrantable.

Una desolación total

Teniendo en cuenta esta ilustración, miremos el primer capítulo de Joel. Nos presenta un cuadro de total desolación, infligida por la invasión de un ejército de insectos: «Lo que quedó de la oruga comió el saltón, y lo que quedó del saltón comió el revoltón; y la langosta comió lo que del revoltón había quedado» (Joel 1:4).

El resultado de la invasión de estos insectos se resume en Joel 1:12: «La vid está seca, y pereció la higuera [...] se extinguió el gozo de los hijos de los hombres». Hoy en día, Dios se está moviendo para suplir esta necesidad dentro de la Iglesia. El Señor está liberando a Su pueblo de los espíritus demoníacos que han devorado la raíz misma de su gozo, paz y libertad.

¿Cómo devoran los demonios el gozo del pueblo de Dios? Causan temor y frustración, destrucción y pobreza, enfermedades y dolencias, desesperación y suicidio, resentimiento y odio. Pero, ¿cómo ocurre todo esto? Sobreviene cuando el pueblo de Dios sigue las costumbres religiosas externas que carecen de una realidad interna. Puede haber doctrinas fuertes en teoría pero débiles en la práctica. A veces las personas que cantan himnos sobre gozo y paz reflejan en sus caras tanta preocupación y sufrimiento, que es increíble que puedan pronunciar esas palabras. Realmente, más doctrina significa más frustración en la persona que no tiene una experiencia real.

Algunos sectores de la Iglesia están atravesando por esta clase de desolación. Pero felizmente, junto a ese cuadro desolador, Joel nos ofrece una maravillosa promesa de la restauración de Dios: «...Os restituiré los años que comió la oruga, el saltón, el revoltón y la langosta, mi gran ejército que envié contra vosotros» (Joel 2:25).

Dios ha permitido la invasión de este ejército de demonios porque la Iglesia ha seguido enseñanzas distintas a las del Señor Jesús. La gran promesa de restauración asegura un derramamiento del Espíritu Santo: «Y después de esto derramaré mi Espíritu sobre toda carne...» (Joel 2:28).

La promesa de liberación

Los resultados de este derramamiento del Espíritu Santo se resumen en Joel 2:32: «Y todo aquel que invocare el nombre de Jehová será salvo...». La obra del Espíritu anunciada allí hace que los creyentes puedan recibir liberación del ejército invasor.

Hay una clara y hermosa explicación del proceso de esta liberación en el libro de Abdías.

Uno de los nombres del pueblo de Dios (en sentido físico y espiritual), es *Sion*; este se aplica por igual a Israel y a la Iglesia: «Mas en el monte de Sion habrá un remanente que se salve; y será santo, y la casa de Jacob recuperará sus posesiones» (Abdías 1:17).

Abdías precisa un orden en la restauración que no podemos cambiar. Antes que el pueblo de Dios pueda recuperar sus posesiones, debe ocurrir una liberación. Primero, necesitamos sacar a los «insectos». Segundo, tiene que haber santidad. Dios es un Dios santo. La Biblia es Su santa Palabra. El Espíritu de Dios es un Espíritu *Santo*, así que el pueblo de Dios está llamado a vivir una vida santa. No hay una herencia en Cristo para los faltos de santidad.

Jesús dijo al apóstol Pablo: «...para que reciban [...] herencia entre los santificados...» (Hechos 26:18). Dios es un Dios Santo, cuyos requisitos de santidad no han cambiado a lo largo de los siglos, de generación en generación. Toda la Escritura testifica que debemos aprender las lecciones de santidad para poder llegar delante de Dios. El orden, entonces, es: primero la santidad; después, la posesión de nuestra herencia.

El tercer aspecto de esta promesa es: «La casa de Jacob recuperará sus posesiones». Una cosa es *tener* posesiones, pero otra diferente *recuperarlas.* Consideremos esto en relación con Israel. Las Escrituras sostienen que, a los ojos de Dios, la tierra le ha pertenecido a esta nación durante los últimos dos mil años. Pero la mayor parte del tiempo Israel no ha vivido allí. Su posesión no había sido *recuperada.*

Lo mismo ocurre con buena parte de la iglesia cristiana hoy en día. Legalmente, en Cristo, hemos tenido nuestra herencia, pero esta no había sido tomada o *poseída.*

Algunas personas dicen: «Lo recibí todo cuando nací de nuevo».

Yo les contesto: «¡Si lo recibieron todo, entonces *todo* eso lo quiero ver!»

Paso a paso

En realidad es cierto que heredamos todo en Cristo desde el momento que nacimos de nuevo; sin embargo, la mayoría de las personas no experimentan esto sin pasar primero por un duro proceso, paso a paso y batalla por batalla. Dios le ordenó a Josué: «...Ahora, pues, levántate y pasa este Jordán, tú y todo este pueblo, a la tierra que yo les doy a los hijos de Israel. Yo os he entregado [...] todo lugar que pisare la planta de vuestro pie» (Josué 1:2-3).

Cuando Dios comunicó este mandamiento a Josué, los israelitas no habían puesto ni un pie en la tierra prometida. Pero legalmente, la tierra era de ellos, porque Dios había dicho «a la tierra que yo les doy». Para poseerla y ocuparla, no obstante, ellos iban a tener que batallar. El derecho legal a la tierra era suyo, pero había que reclamarla enfrentando toda oposición.

Qué bueno que Josué y los israelitas no fueran como muchos de los cristianos actuales. De ser así, cuando Dios dijo «la tierra que yo les doy», se habrían parado en la ribera del Río Jordán y, cruzados de brazos, hubieran exclamado: «¡Gloria a Dios, la tierra es nuestra! ¡La tenemos toda!» Y los cananeos, por supuesto, se habrían burlado de ellos.

La realidad es esta: Usted no puede poseer más de lo que se haya apropiado, tomándolo como suyo. Tanto usted como yo podemos poseer nuestra herencia si procedemos según el orden de Dios: liberación, santidad, y después la posesión de la herencia. En los creyentes, la liberación del ejército invasor de espíritus demoníacos es el preludio a la siguiente etapa.

12

LA CAPACITACIÓN RENOVADA

Hemos visto las dos primeras etapas de preparación para la Iglesia actual: la promesa del Espíritu Santo alzando a Jesús como nuestro estandarte, y la necesidad del pueblo de Dios de recibir liberación de las entidades demoníacas. Ahora, examinemos la tercera etapa de la preparación: *una capacitación renovada* del pueblo de Dios.

Empezaremos con las maravillosas promesas citadas en Hechos 2:17-18:

> *…En los postreros días, dice Dios, derramaré de mi Espíritu sobre toda carne, y vuestros hijos y vuestras hijas profetiza-rán; vuestros jóvenes verán visiones, y vuestros ancianos so-ñarán sueños; y de cierto sobre mis siervos y sobre mis siervas en aquellos días derramaré de mi Espíritu, y profetizarán.*

Cuando el Espíritu Santo es derramado, Sus dones son restaurados. El Espíritu Santo provee en forma generosa lo que la Iglesia necesita: los dones de inspiración, de re-velación, de poder, y el ministerio de la profecía. Cuando esto ocurre, el pueblo de Dios empieza a tener y ejercer algo definitivo. Dispone de algo tangible para ofrecer y demostrar al mundo el poder de Dios.

Herramientas sobrenaturales

De nuevo, el pueblo de Dios empieza a recibir las herramientas que son necesarias para recoger la cosecha y vencer el reino de las tinieblas. Sería una insensatez enviar obreros a la cosecha sin herramientas, o enviar soldados a la batalla sin armas. Como Dios reconoce esta necesidad, Él insiste en dar los dones del Espíritu Santo a Su pueblo. Estos constituyen las herramientas y las armas que la obra necesita. En Romanos 15:18-19, Pablo dijo lo siguiente sobre su ministerio:

Porque no osaría hablar sino de lo que Cristo ha hecho por medio de mí para la obediencia de los gentiles, con la palabra y con las obras, con potencia de señales y prodigios, en el poder del Espíritu de Dios; de manera que desde Jerusalén, y por los alrededores hasta Ilírico, todo lo he llenado del evangelio de Cristo.

Es mi firme convicción que el corazón terco, rebelde e incrédulo del hombre nunca se sometería plenamente al Evangelio de Jesucristo sin recibir una demostración de poder sobrenatural. He visto numerosas veces la confirmación de esto. La mayor parte del tiempo, puede existir una medida de conformidad, aceptación de doctrina y membresía en una iglesia, pero sin que haya un cambio de corazón y de actitud en las personas. A menudo hace falta una demostración del poder sobrenatural de Dios para lograr que ciertos hombres y mujeres se decidan genuinamente a ser obedientes. Un solo milagro tiene el poder de hacer temblar a la persona más obstinada.

El poder de Dios

Lo milagroso es necesario; no es opcional. Pablo no hubiera podido decir «todo lo he llenado del evangelio de Cristo», de no haber demostrado el poder de Dios. Él escribió:

Así que, hermanos, cuando fui a vosotros para anunciaros el testimonio de Dios, no fui con excelencia de palabras o de sabiduría. Pues me propuse no saber entre vosotros cosa alguna sino a Jesucristo, y a este crucificado. Y estuve entre vosotros con debilidad, y mucho temor y temblor; y ni mi palabra ni mi predicación fue con palabras persuasivas de humana sabiduría, sino con demostración del Espíritu y de poder, para que vuestra fe no esté fundada en la sabiduría de los hombres, sino en el poder de Dios.

1 Corintios 2:1-5

Tenemos que decidir: ¿Pondremos nuestra fe en la sabiduría humana o en el poder sobrenatural de Dios? Los que confían en la educación y las enseñanzas nunca tendrán un fundamento sólido para su fe. Pero los que han experimentado el poder de Dios en forma personal han visto la confirmación de Su Palabra. Conocen en forma personal a la Persona en quien han confiado. He comprobado esto vez tras vez. La verdadera fe tiene que basarse en el poder sobrenatural de Dios.

En fin, el punto de vista intelectual siempre socavará la fe del pueblo de Dios. Esto es, precisamente, lo que ha ocurrido en la Iglesia durante muchas décadas. Muchos seminaristas y profesores capacitados intelectualmente son totalmente sinceros; pero como dijo Billy Graham, es posible ser sincero, pero sinceramente equivocado.

Dios no ha pedido a los pastores de la Iglesia de Jesucristo que juzguen la Palabra de Dios; lo que nos corresponde es demostrarla. El Evangelio no es un sistema de teorías; es el remedio para la necesidad humana. Cuando la humanidad vea que el Evangelio satisface su necesidad, la obedecerá.

13

LA REAGRUPACIÓN

Hasta aquí hemos visto las primeras tres etapas de preparación para la Iglesia de los tiempos finales: la obra del Espíritu Santo de levantar a Jesús como estandarte, liberación de las huestes de demonios, y una capacitación renovada por medio de los dones del Espíritu. Ahora llegamos a la cuarta etapa de preparación: la reagrupación del pueblo de Dios como un cuerpo unificado.

Un impresionante cuadro de esta etapa se encuentra en el Antiguo Testamento, en la visión de Ezequiel del valle de los huesos secos. Es una profecía sobre la restauración y el reagrupamiento del pueblo de Dios en la nación de Israel. Pero creo que también es una profecía de la restauración y reagrupamiento de los miembros esparcidos de la Iglesia, el cuerpo de Cristo. Personalmente, creo que a los ojos de Dios la Iglesia ha sido como Israel: huesos secos desparramados por todos lados, desconectados, desinteresados, ignorantes de sus puestos, y sin conocimiento de sus funciones en el cuerpo.

Manos a la obra

El proceso de reagrupamiento empezó cuando el Señor habló con Ezequiel, y le reveló una penetrante verdad:

Dios le preguntó a Ezequiel: «Hijo de hombre, ¿vivirán estos huesos?».

Ezequiel contestó: «Señor Jehová, tú lo sabes».

Me asombra la gracia de Dios, porque Él hubiera podido cumplir Su plan sin Ezequiel. Pero le dijo (paráfrasis mía): «Ezequiel, quiero que profetices, y cuando lo hagas, van a ocurrir cosas». De la misma manera, el Señor nos invita a tomar parte en Sus planes y propósitos.

Profeticé, pues, como me fue mandado; y hubo un ruido mientras yo profetizaba, y he aquí un temblor; y los huesos se juntaron cada hueso con su hueso. Y miré, y he aquí tendones sobre ellos, y la carne subió, y la piel cubrió por encima de ellos; pero no había en ellos espíritu. Y me dijo: Profetiza al espíritu, profetiza, hijo de hombre, y di al espíritu: Así ha dicho Jehová el Señor: Espíritu, ven de los cuatro vientos, y sopla sobre estos muertos, y vivirán. Y profeticé como me había mandado, y entró espíritu en ellos, y vivieron, y estuvieron sobre sus pies; un ejército grande en extremo.

Ezequiel 37:7-10

Cuando Dios terminó Su labor, los huesos esparcidos habían llegado a ser un gran ejército. Hoy en día, Dios está levantando otra vez un ejército a partir de huesos esparcidos. En el proceso, hay bastantes ruidos, temblores y alborotos. Algunas personas están diciendo: «No agiten el barco». Sin embargo, Dios ha creado los ruidos y temblores para sacudir a la gente en medio de su comodidad.

La reagrupación

Las personas tocadas por el Espíritu de Dios empiezan a moverse. Los huesos están uniéndose, y las personas, comprometiéndose a tomar sus lugares en el cuerpo de Cristo.

En su primera carta a los corintios, Pablo da las siguientes instrucciones a la Iglesia:

Porque así como el cuerpo es uno, y tiene muchos miembros, pero todos los miembros del cuerpo, siendo muchos, son un solo cuerpo, así también Cristo [...]

Además, el cuerpo no es un solo miembro, sino muchos. Si dijere el pie:

Porque no soy mano, no soy del cuerpo, ¿por eso no será del cuerpo? [...] Ni el ojo puede decir a la mano: No te necesito, ni tampoco la cabeza a los pies:

No tengo necesidad de vosotros.

1 Corintios 12:12,14-15, 21

Pablo dice que nos necesitamos los unos a los otros. Dada esta verdad, tenemos que estar relacionados correctamente, y unidos para permitir un buen funcionamiento del cuerpo. Esta es la última etapa de preparación para que la iglesia pueda confrontar a las fuerzas de las tinieblas. Pablo lo explica en Efesios 4:16. Acaba de afirmar que la cabeza de la Iglesia es Cristo, «de quien todo el cuerpo, bien concertado y unido entre sí por todas las coyunturas que se ayudan mutuamente, según la actividad propia de cada miembro, recibe su crecimiento para ir edificándose en amor».

Resulta notable en este pasaje que el cuerpo edifica al mismo cuerpo. Esto solamente puede ocurrir cuando cada parte está en su debido lugar, relacionándose en forma adecuada con las demás, y cumpliendo la función que se espera de ella.

Resplandeciente

Ahora, vamos a ver el glorioso cuadro del pueblo de Dios después de su restauración:

Levántate, resplandece; porque ha venido tu luz, y la gloria de Jehová ha nacido sobre ti. Porque he aquí que tinieblas cubrirán la tierra, y oscuridad las naciones; mas sobre ti amanecerá Jehová, y sobre ti será vista su gloria. Y andarán las naciones a tu luz, y los reyes al resplandor de tu nacimiento. Alza tus ojos alrededor y mira, todos estos se han juntado, vinieron a ti; tus hijos vendrán de lejos, y tus hijas serán llevadas en brazos. Entonces verás, y resplandecerás; se maravillará y ensanchará tu corazón, porque se haya vuelto a ti la multitud del mar, y las riquezas de las naciones hayan venido a ti.

Isaías 60:1-5

Esto nos ofrece una idea de lo que Dios va a hacer en los postreros días; incluido el hecho de que tendremos parte en todo ello. Primero, podemos decidir cómo vamos a ver las cosas. Podemos hacerlo de manera positiva o negativa. Lo negativo dice: «Tinieblas cubrirán la tierra, y oscuridad las naciones». Ciertamente será así, y los efectos de esta verdad se harán más patentes a medida que nos acerquemos a los tiempos finales. Las personas de mentalidad negativa solamente hablarán de lo que el diablo está haciendo, y de cómo el mundo va de mal en peor.

Esto, en efecto, es verdad, pero no *toda* la verdad. La otra parte de la verdad es: «Levántate, resplandece; ¡porque ha venido tu luz!» (énfasis del autor). En el momento que las tinieblas cubran la tierra y oscuridad las naciones, el verdadero pueblo de Dios va a resplandecer. Nos moveremos hacia adelante con una luz y una gloria que el mundo nunca había visto antes sobre nosotros.

«Y andarán las naciones a tu luz, y los reyes al resplandor (*aurora*) de tu nacimiento». Puede llegar el día en que veamos naciones enteras convertirse al Señor Jesucristo junto con sus líderes, por un mover sobrenatural del Espíritu de Dios. Creo que las Escrituras declaran que esto va a suceder. «Andarán las naciones a tu luz, y los reyes al resplandor (*aurora*) de tu nacimiento». Resulta cada día más obvio que los líderes tienen muy pocas respuestas ante los problemas políticos, económicos y ambientales que desafían al mundo. Si existiera un grupo que demostrara tener respuestas confiables a tales conflictos, amontonaría a su puerta una fila de presidentes y líderes políticos.

En la década de 1930, William Branham era solamente un humilde pastor de un pueblito de Kentucky. Pero en 1950, el rey Jorge VI, líder del Gran Imperio Británico, mandó a llamar a Branham, porque había oído que él tenía algo que los médicos no poseían: un ministerio poderoso de sanidad que llegó a conocerse mundialmente. Cuando la gente vea que Dios sana cánceres y devuelve la vista, los más ricos y famosos de la tierra estarán haciendo fila en la puerta. Donde haya una luz que brille, el mundo llegará allí.

El profeta Isaías declara también: «[Verás...] porque se haya vuelto a ti la multitud del mar, y las riquezas de las naciones hayan venido a ti» (versículo 5). He venido orando que las riquezas de los Estados Unidos se vuelvan al servicio de los propósitos de Dios en esta generación. Creo que Dios me dio esta oración, y he sido sensible, elevándola, en el nombre de Jesús. La Biblia dice que si pido algo en Su nombre, Él lo hará. Esta nación tiene un destino por forjar con gran potencial, oportunidades y privilegios únicos. ¿Por qué dejar todo esto en manos del diablo? La Palabra dice: «Mía es la plata, y mío es el oro, dice Jehová de los ejércitos. La gloria postrera de esta casa será mayor que la primera, ha dicho Jehová de los ejércitos» (Hageo 2:8-9).

Cuando usted pide plata y oro del Señor, no está cometiendo ningún robo. Es el diablo el que los ha robado en realidad. No le pertenecen a él sino a Dios. Esas riquezas deben usarse para glorificar la casa de Dios, la verdadera Iglesia de Jesucristo.

El sol de justicia

Cantar de los Cantares 6:10 también nos ofrece un vistazo de la verdadera Iglesia, cuando sale de la oscuridad de la noche: «¿Quién es ésta que se muestra como el alba, hermosa como la luna, esclarecida como el sol, imponente como ejércitos en orden?»

Este pasaje describe la apariencia de la Iglesia al final de los tiempos. Tendrá la hermosura de la luna cuando refleja el sol, que, como veremos, es una representación de Jesús. Delante de las fuerzas de las tinieblas, la Iglesia será tan temible como un ejército con banderas. Dios nos está uniendo en Su Cuerpo para poder ser un gran ejército, equipado para la guerra y el cumplimiento de los propósitos de Dios.

El último capítulo del Antiguo Testamento, Malaquías 4, está relacionado con el tiempo final. El primer versículo habla del día del juicio de Dios, y el segundo, contiene una promesa para el pueblo del Señor: «Porque he aquí, viene el día ardiente como un horno, y todos los soberbios y todos los que hacen maldad serán estopa […] mas a vosotros los que teméis mi nombre, nacerá el Sol de justicia, y en sus alas traerá salvación…».

Creo que esta es una promesa para nuestra generación. La Iglesia se encuentra al final de una larga noche de apostasía e incredulidad. En este momento estratégico, el Sol de Justicia, Jesucristo, se levantará con sanidad en Sus alas. Creo que en nuestros días veremos tremendos avivamientos de sanidad en el Cuerpo de Cristo. Los dos grandes resultados del Evangelio son justicia y sanidades. El Evangelio trae liberación del pecado y de las enfermedades. El pueblo de Dios va a salir y pisotear las fuerzas del enemigo.

Encontramos un pensamiento similar en Romanos 16:20, donde se nos hace esta hermosa promesa: «Y el Dios de paz aplastará en breve a Satanás bajo vuestros pies…». La promesa todavía está por cumplirse. Fue escrita para creyentes en Jesucristo. La sanidad que viene no será solamente para las personas en forma individual. Incluirá la sanidad completa del cuerpo de Jesucristo.

Al concluir este capítulo, quiero compartir una última y preciosa promesa:

Y la luz de la luna será como la luz del sol, y la luz del sol siete veces mayor, como la luz de siete días, el día que vendare Jehová la herida de su pueblo, y curare la llaga que él causó.

Isaías 30:26

Viene el día en que Dios sanará a los maltratados de Su pueblo y las secuelas de sus heridas. Será un día maravillosamente resplandeciente y de gloria. El Sol de Justicia se levantará con sanidad en Sus alas.

EL ÚLTIMO PROPÓSITO DE LA IGLESIA

En los capítulos anteriores, hemos visto las cuatro etapas de preparación para la Iglesia en nuestro tiempo: La reagrupación del pueblo de Dios para exaltar a Jesucristo por obra del Espíritu Santo, la liberación de enemigos demoníacos invasores, una capacitación renovada para mayor efectividad, y una reagrupación en unidad. El resultado es una Iglesia más fortalecida y gloriosa que nunca.

A medida que Dios restaura en la Iglesia la gloria para la que fue creada, Él tiene para ella tres objetivos principales en el final de los tiempos.

Primero, la recolección de la última gran cosecha.

Segundo, la preparación de la Iglesia como la novia del Esposo (Jesucristo)

Tercero, la restricción y derrota final del reino de Satanás.

La lluvia tardía

Primero, la Iglesia ha de ser el instrumento para la recolección de la última gran cosecha al final de los tiempos. En Deuteronomio vemos un patrón claro sobre la provisión de Dios que está presente en toda la Escritura. Este principio deja algo claro: La lluvia siempre es dada en relación con la cosecha. Dios aseguró esto a Su pueblo antes de llevarlo a la Tierra Prometida. Le dijo que si andaba en obediencia, la lluvia y la cosecha nunca faltarían (Levítico 26:3-4). Dios prometió eso específicamente: «Yo daré la lluvia de vuestra tierra a su tiempo, la temprana y la tardía; y recogerás tu grano, tu vino y tu aceite» (Deuteronomio 11:14).

El asunto de la lluvia temprana y la tardía es recurrente en la Escritura. La lluvia temprana que llega al principio del invierno señala la estación de cultivos en Israel. La lluvia tardía, al final del invierno, lleva los sembrados a la madurez justo antes de los procesos de siega. Tres aspectos de la restauración del pueblo de Dios son representados en este proceso: la semilla de la Palabra, el vino del gozo, y el aceite del Espíritu Santo.

Creo que el derramamiento del Espíritu Santo durante toda la historia de la Iglesia está explicado por la manera como Dios ordena las lluvias sobre la tierra de Israel. Así como la primera lluvia señalaba el comienzo de la estación de crecimiento, la lluvia temprana del Espíritu Santo cayó sobre la Iglesia en el día de Pentecostés; y siguió derramándose durante más de un siglo.

Buena parte de los historiadores coinciden en que, después del primer siglo, el Espíritu Santo no volvió a moverse de la misma manera y en forma tan universal por cientos de años. Solamente ocurrían despertares del Espíritu Santo que daban nueva vida a iglesias locales o a regiones específicas. Igual que las lluvias invernales de Israel, las intervenciones del Espíritu eran esporádicas e imprevistas.

Pasada dicha estación, la lluvia tardía representa el último gran derramamiento del Espíritu Santo. Esta lluvia tardía será diseñada por Dios para llevar a la madurez la cosecha que debe recogerse al fin del siglo.

Mi convicción personal es que la lluvia tardía reapareció sobre la Iglesia a principios del siglo veinte. Al igual que la lluvia tardía en Israel, este derramamiento del Espíritu Santo ha sido universal, tocando en forma directa o indirecta a casi todas las naciones de la tierra. Ha visitado los distintos sectores de la Iglesia, inquietando, de alguna manera, a cada denominación. Me parece que, en cumplimiento de los propósitos de Dios para los tiempos finales, la lluvia tardía será el último y más grande derramamiento del Espíritu Santo sobre la Iglesia de Jesucristo.

Semejante mover tendrá como fin que la cosecha pueda ser recogida. Sin embargo, algunos se resisten a este derramamiento. Como podemos ver en el siguiente versículo, ello se debe a un corazón desafiante y rebelde, que no logra entender que Dios está dando la lluvia. Trágicamente, es el caso de muchos sectores de la Iglesia hoy en día.

No obstante, este pueblo tiene corazón falso y rebelde; se apartaron y se fueron. Y no dijeron en su corazón: Temamos ahora a Jehová Dios nuestro, que da lluvia temprana y tardía en su tiempo, y nos guarda los tiempos establecidos de la siega.

Jeremías 5:23-24

Tiempo de cosecha

No obstante, las Escrituras declaran que, a pesar de la dureza de muchos corazones, Dios, en Su fidelidad, dará la lluvia a Su tiempo. Él derramará la lluvia temprana y la tardía, porque ha reservado las semanas señaladas para la cosecha. Dios ha mantenido extendida Su mano sobre este tiempo del fin, cuando la cosecha tiene que ser recogida. Pero esto no puede ocurrir hasta que se haya cumplido el derramamiento de la lluvia temprana y la tardía.

Por tanto, hermanos, tened paciencia hasta la venida del Señor. Mirad cómo el labrador espera el precioso fruto de la tierra, aguardando con paciencia hasta que reciba la lluvia temprana y la tardía. Tened también vosotros paciencia, y afirmad vuestros corazones; porque la venida del Señor se acerca.

Santiago 5:7-8

El agricultor no puede recoger la cosecha hasta recibir la lluvia temprana y la tardía. Inmediatamente después de la lluvia tardía, el siguiente paso de la agenda es la recolección de la cosecha. Tal como había «semanas señaladas para cosechar» en Israel, creo que esta siega es una dispensación con un tiempo específico según el trato de Dios con Su Iglesia.

En el Antiguo Testamento, la pascua sirve como «tipo», o modelo del Calvario, con símbolos específicos íntimamente ligados a lo que Jesús cumplió ahí. Usualmente un «tipo» puede valerse de una persona, un evento o un objeto específico, para mostrar alguna verdad del Antiguo Testamento que es revelada plenamente en el Nuevo Testamento. Del mismo modo que la fiesta de Pentecostés del Antiguo Pacto vio su cumplimiento en el Nuevo Pacto *el día* de Pentecostés, hay una tercera gran fiesta que todavía está por cumplirse. Bajo el Antiguo Pacto, cada varón tenía que subir a Jerusalén anualmente para la fiesta de la cosecha. Esta gran fiesta tiene su representación en el tiempo de la Iglesia, al igual que las otras dos. Se cumplirá al final de este tiempo, cuando sea recogida en todo el mundo la última gran cosecha de almas.

Es precisamente para esta cosecha que Dios está preparando el derramamiento de la lluvia del Espíritu Santo. Su propósito al dar Su Espíritu no es la autogratificación espiritual o la bendición individual con fines egoístas. Es capacitar y enviar obreros a los campos para recoger la última cosecha del mundo.

En el gran discurso profético de Jesús sobre los últimos eventos de los tiempos finales, Él explicó la señal de Su venida: «Y será predicado este evangelio del reino en todo el mundo, para testimonio a todas las naciones; y entonces vendrá el fin» (Mateo 24:14).

Los discípulos habían preguntado: «…Dinos, ¿cuándo serán estas cosas, y qué señal habrá de tu venida, y del fin del siglo?» (Mateo 24:3). Ellos hicieron una pregunta específica, y Él les dio una respuesta específica: *«Este evangelio del reino»* (ver Mateo 24:14). Claramente no podría ser un evangelio *aguado* (aligerado e impuro), sino el Evangelio completo del reino de Dios, predicado en todo el mundo como testimonio a todas las naciones. Esta es la siega de la última gran cosecha para la cual Dios está preparando a Su Iglesia.

La preparación de la Esposa

El segundo objetivo para la Iglesia al «*final de este siglo*» es su preparación como novia que aguarda a su Esposo. Efesios 5:25-27 describe la relación matrimonial entre el marido y la esposa. Pero también se aplica a la Iglesia.

Maridos, amad a vuestras mujeres, así como Cristo amó a la iglesia, y se entregó a sí mismo por ella, para santificarla, habiéndola purificado en el lavamiento del agua por la palabra, a fin de presentársela a sí mismo, una iglesia gloriosa, que no tuviese mancha ni arruga ni cosa semejante, sino que fuese santa y sin mancha.

El Señor no viene por una novia con el corazón anciano, arrugado y decrépito, que cojea al andar y necesita bastón. Regresa para unirse con una esposa hermosa, santa y activa. No aceptará nada menos que lo mejor. Así que, una de las principales funciones del Espíritu Santo en la Iglesia es prepararla.

El proceso se dará a través de la santificación y el lavamiento del agua por la Palabra. Los cristianos que no se someten a las disciplinas de la Palabra no pueden esperar ser incluidos en esta comunidad única que Él llama *esposa*. Apocalipsis 19:7 repite la misma verdad: «Gocémonos y alegrémonos y démosle gloria; porque han llegado las bodas del Cordero, y su esposa se ha preparado».

En Su venida, la Iglesia no estará *alistándose*. Ella *ya* se alistó. La verdadera Iglesia se «arregla» con toda la anticipación de una novia que espera la llegada del novio. Basta con imaginar el corazón lleno de esperanza y emoción de la señorita que observa cómo la fecha de su matrimonio se acerca, o los anhelos del corazón de su novio, para que se nos facilite entender la relación entre la verdadera Iglesia y Jesucristo al final del tiempo. El deseo de Cristo es dedicarse exclusivamente a Su novia, y el de ella, entregarse solo a Él. Nada puede tener más importancia para ambos que su compromiso. Por *esa* Iglesia viene Jesús.

Leemos en 1 Juan 3:3 «Y todo aquel que tiene esta esperanza en él, se purifica a sí mismo, así como él es puro». La verdadera evidencia de nuestra esperanza en la venida del Señor, es que nos hemos purificado individualmente mediante el lavamiento del agua por la Palabra de Dios. Somos limpiados al oír, recibir y obedecer la Palabra: tenemos que buscar y cumplir Sus mandamientos.

Jesús dijo: «El que tiene mis mandamientos, y los guarda, ése es el que me ama…» (Juan 14:21). Si usted no quiere buscar los mandamientos del Señor, y si no desea obedecerlos, no será parte de la esposa, ni de esta unión eterna.

Derribar a Satanás

El tercer objetivo que la Iglesia debe cumplir para el fin del siglo es restringir y derrocar el reino de Satanás. El apóstol Pablo escribe: «…Las armas de nuestra milicia no son carnales, sino poderosas en Dios para la destrucción de fortalezas, derribando argumentos y toda altivez que se levanta contra el conocimiento de Dios…» (2 Corintios 10:4-5).

Esta descripción es una clara referencia al reino de Satanás, que debe ser sometido en su totalidad por las armas espirituales entregadas al pueblo de Dios. Las armas espirituales para destronar al diablo ya están en nuestras manos. Ahora, tenemos que ser diligentes y valientes para utilizarlas.

En otro capítulo abordaré específicamente nuestra autoridad como Iglesia para contener y derribar a Satanás. Y en los capítulos finales, estudiaremos esas armas espirituales que nos han sido encomendadas y el modo de emplearlas.

Pero antes de llegar ahí, será de gran ayuda comprender la estructura del reino de tinieblas al que nos opondremos. También nos beneficia entender que Satanás ha trazado un plan para el fin del siglo, así como Dios tiene el Suyo. En una guerra terrenal, el general que se lanza a la batalla tiene una ventaja si conoce los planes del enemigo. De la misma manera, estaremos mejor preparados para resistir y derrocar a Satanás al entender su plan para el fin del siglo.

15

EL REINO OPOSITOR

ientras Dios prepara al cuerpo de Cristo para los tiempos finales, está llevando a cabo una obra de restauración entre Su pueblo y en Su Iglesia. El resultado será una Iglesia renovada, unida, equipada y empoderada para salir y cumplir la tarea que Dios le ha encomendado.

Para oponerse a la obra de restauración de Dios, Satanás, como dijimos, tiene un reino y su propio plan para el fin del siglo. El enemigo busca imitar y falsificar todo lo que hace el Señor, porque el diablo no tiene el poder de crear nada por sí solo. Solamente Dios puede crear.

Uno de los últimos objetivos de Dios para la restauración de la Iglesia es controlar y derribar el reino de Satanás. Por tanto, necesitamos considerar lo que la Biblia dice sobre la estructura del reino de Satanás, y también sobre su estrategia para intentar controlar el mundo entero en los tiempos finales. En este capítulo veremos la estructura de su reino.

Dos reinos en guerra

En Colosenses 1:12-14 se describen los dos reinos enfrentados:

Con gozo dando gracias al Padre que nos hizo aptos para participar de la herencia de los santos en luz; el cual nos ha librado de la potestad de las tinieblas, y trasladado al reino de su amado Hijo, en quien tenemos redención por su sangre, el perdón de pecados.

Este pasaje muestra de cerca los dos ámbitos opuestos: uno, el dominio de las tinieblas; el otro, el reino del Hijo de Dios. Pertenecemos a un reino o al otro. No existe territorio intermedio ni neutralidad posibles. La redención por la sangre de Jesús es la base de nuestra liberación del reino de Satanás y del traslado al reino de Dios.

El orden mundial actual

Las Escrituras aclaran quiénes pertenecen al reino de Satanás: sencillamente todos los que desobedecen a Dios. Las personas que se rebelan contra Él, sin excepción, están automáticamente bajo el dominio del enemigo. No hacen falta más formalidades.

Y él os dio vida a vosotros, cuando estabais muertos en vuestros delitos y pecados, en los cuales anduvisteis en otro tiempo, siguiendo la corriente de este mundo, conforme al príncipe de la potestad del aire, el espíritu que ahora opera en los hijos de desobediencia, entre los cuales también todos nosotros vivimos en otro tiempo en los deseos de nuestra carne, haciendo la voluntad de la carne y de los pensamientos, y éramos por naturaleza hijos de ira, lo mismo que los demás.

Efesios 2:1-3

En este pasaje, la palabra *mundo* hace alusión al contexto actual, no a tierra de la que se habla en la creación. También puede entenderse como el presente sistema mundial. Por ejemplo, 2 Pedro 3:6 afirma que, debido al diluvio, el mundo de los días de Noé pereció. Es obvio que no fue la tierra en sí lo que resultó destruido, sino la totalidad del sistema humano de gobierno y organización social de ese tiempo. El *mundo* es el orden mundial actual, incluyendo sus naciones y el proceder de los seres humanos. En otro tiempo, cada uno de nosotros era participante activo de ese orden mundial.

Pablo escribe que quienes pertenecen a dicho orden mundial caminan «conforme al príncipe de la potestad del aire». La palabra griega para príncipe es *arche*, que significa «gobernante». Este mismo vocablo se puede apreciar en palabras como «arcángel» y «arzobispo». El arcángel es un ángel que gobierna, mientras que el arzobispo es un obispo que gobierna. Y quien *gobierna (autoridad* en griego) en el aire, es Satanás. Así que este tiene autoridad sobre el ámbito llamado «el aire».

Hay dos expresiones griegas que significan *aire*. Una es *aither* (como la palabra química éter); y la otra, *aer*, semejante a nuestro vocablo *aire*. Son dos cosas diferentes: *aither* hace referencia a la atmósfera más alta; en tanto *aer* designa la atmósfera baja y espesa que toca la superficie de la tierra.

La palabra que se utiliza en este versículo es *aer*, lo que indica que es Satanás quien ejerce autoridad en el aire sobre toda la superficie de la tierra. ¿Cómo llegó a tener esta posición? Ocurrió cuando Adán, el gobernante establecido por Dios, entregó esta dignidad a otro. Satanás le engañó, y usurpó esa posición que le correspondía a Adán. Pero en última instancia, toda autoridad pertenece a Dios.

Vemos también que en este versículo Pablo se refiere a Satanás como un *espíritu*. Él enemigo no es un ser físico sino espiritual, que opera en los «hijos de desobediencia». La palabra clave aquí es *desobediencia*. Todo aquel que vive en desobediencia a Dios está bajo la influencia de Satanás. Pablo continúa diciendo: «entre los cuales también todos nosotros vivimos (*¡todos nosotros!, sin excepción*) en otro tiempo en los deseos de nuestra carne, haciendo la voluntad de la carne y de los pensamientos».

Cuidar la mente

Antes de llegar a Cristo, fuimos motivados por nuestra naturaleza carnal y nuestra mente. Debemos tener presente que la mente, como la naturaleza carnal, está, por igual, en enemistad contra Dios. Pablo dice en Romanos 8:7 que los designios de la mente carnal «son enemistad contra Dios». Casi todas las personas pueden ver que los pecados abiertamente carnales están en enemistad contra Dios; pero en realidad la mente demuestra, de muchas maneras, una enemistad contra Dios aún mayor que la expuesta por la naturaleza carnal.

Muchos años atrás, mientras ministraba en Estocolmo, Suecia, me pidieron que dirigiera un culto de liberación. Lo que sucedió después fue algo un poco cómico. Me permitieron dar la enseñanza en la sección de la iglesia para reuniones, pero les pareció que no sería apropiado ministrar liberación ahí. Esta parte del culto se celebraría en un cuarto a poca distancia de la iglesia.

Al terminar la enseñanza, pedí a los que sintiesen la necesidad de recibir liberación que pasaran a ese cuarto. Prácticamente toda la congregación se trasladó hasta allá. En ese apretado lugar, instruí a la gente sobre la manera de orar en tal situación. Después empecé a ordenar que los espíritus malos salieran y arrancó una gran actividad. Recuerdo cómo este pastor sueco pentecostal luchaba por abrirse paso entre la multitud, y observaba a los miembros de su congregación mientras recibían liberación de espíritus malignos. Repetía una y otra vez: «No puedo creer lo que estoy viendo».

Más tarde, algunos cristianos de ese mismo país que habían oído acerca de lo que pasó en esa reunión, me enviaron un mensaje diciendo que era una estupidez pensar que los suecos pudieran necesitar libertad de espíritus inmundos. ¿Cuál era la base de su razonamiento? ¡Que los suecos eran demasiado intelectuales como para necesitar liberación!

Pero la verdad es esta: el intelecto está en peor enemistad contra Dios que la antigua naturaleza carnal que arrastra a la embriaguez o comete actos inmorales. La mente es, en realidad, la ilustración más precisa para explicar en qué consiste la rebelión contra el Señor. Uno de los resultados de educar la mente carnal puede ser la formación de un enemigo de Dios. No es accidental que la mayor oposición al Evangelio se encuentre entre los círculos académicos. Resulta irónico que buena parte de la oposición más férrea contra Dios mismo se encuentre en algunos seminarios. Educar una mente impenitente puede volverla más esclava del anticristo de lo que era antes en su «supuesta» ignorancia.

Rebelde y orgulloso

En consecuencia, así es la naturaleza del mundo. Quienes son desobedientes a Dios están en enemistad con Él a través de su naturaleza carnal y su mente. Esta antipatía general es resumida en Efesios 2:3 bajo la expresión «*hijos de ira*». El sistema mundial explicado aquí es el reino de Satanás. El enemigo es un gobernante espiritual que, con base en *poder espiritual*, domina la superficie de la tierra y a los que viven en rebeldía contra Dios. Es la rebelión de la humanidad la que automáticamente hace que las personas sean súbditos de Satanás.

Claramente, Satanás es el principal adversario. Vemos un cuadro suyo muy revelador en Job 41. Este impresionante capítulo ahonda en la descripción de un monstruo marino llamado *leviatán*. Creo que *leviatán*, al igual que la serpiente en el huerto de Edén, es más que una criatura. Representa a Satanás. De hecho, no creo que este capítulo pueda interpretarse de otra forma. Si consideramos la analogía, lo que dice el último versículo es bastante elocuente: «Menosprecia toda cosa alta; es rey sobre todos los soberbios» (versículo 34).

Satanás es rey sobre todos los hijos del orgullo. No importa si son bautistas, carismáticos, católicos, budistas, hindúes, o comunistas. Donde existe el orgullo, Satanás reina. Consideremos esto por un instante: ¿Qué llegó primero, el orgullo o la rebelión? Si ya lo pensó, me inclino por lo primero. Fue el orgullo el que condujo a la rebelión. La raíz de todos los problemas de nuestra naturaleza es el orgullo; en consecuencia podemos ver que, cuando Dios trata la raíz del orgullo, empiezan a ocurrir los cambios.

Satanás es quien gobierna a todos los orgullosos y rebeldes. Él es un tirano invisible que domina, controla y manipula a través de su poder espiritual.

Nuestro escenario de lucha

Miremos de nuevo el cuadro que retrata el reino de Satanás, tal como se explica en Efesios 6:12. La Santa Biblia, versión Reina-Valera dice: «Porque no tenemos lucha contra sangre y carne, sino contra principados, contra potestades, contra los gobernadores de las tinieblas de este siglo, contra huestes espirituales de maldad en las regiones celestes».

A veces he comentado que la mayoría de los cristianos interpretan equivocadamente este versículo, limitándolo a: «No tenemos lucha», punto final. Pero la verdad es que, queramos o no, *tenemos* que luchar. Pablo dice que participamos en una lucha que no es contra carne y sangre. Es muy significativo que el apóstol use la metáfora de una competencia de lucha libre. Personalmente, no veo esto como una metáfora sino como algo muy real. La lucha libre es uno de los combates más intensos y personales.

Ahora, quiero presentarle mi «traducción según Prince» basada en el texto griego. Empecemos con la primera frase: «Porque nuestra lucha libre no es contra personas con cuerpos». Estas expresiones se encuentran en la *Living Bible,* y me parecen excelentes, porque enfatizan que estamos tratando con enemigos espirituales, personas sin cuerpos.

Cuando usted tiene un entendimiento claro de esta verdad, ya ha logrado avanzar un buen trecho en el conflicto espiritual. Si cuando se enfrenta a los problemas diarios, piensa a menudo que está lidiando solamente contra alguna fuerza psicológica interior o con alguna debilidad personal, no ha entendido la realidad espiritual. Usted y yo tenemos que comprender que luchamos contra personas malignas e invisibles sin cuerpos, y que nos odian desmesuradamente.

Como mencioné al principio de este libro, luché contra la depresión por muchos años. Cuando me creía a la puertas de una victoria incierta, ¡por fin vine a entender que todo ese tiempo había luchado contra una persona! Solamente cuando comprendí que combatía contra una entidad espiritual invisible, logré ser liberado.

Eso ocurrió en 1953. Diez años después, el Señor me puso (tengo que aclarar que no lo deseaba) en el ministerio de liberación, para ayudar a otros. Me pareció vergonzoso que un pastor tuviera que admitir que él mismo había recibido liberación de un espíritu inmundo. De hecho, la única persona que sabía de mi experiencia era mi primera esposa. Pero el punto que quiero dejar claro es que tratamos con personas sin cuerpos. Tan pronto usted asimile esto, estará en una posición totalmente diferente para poder enfrentar la situación.

Casi todas las religiones paganas entienden la realidad de los espíritus malignos. Son principalmente cristianos los que siguen en ignorancia. Tan pronto reconozcamos que nuestra *lucha libre* es contra gobernantes (*arche* en griego), poderes y autoridades, estaremos en una mejor posición para poder lidiar con ellos.

Una estructura malévola

Efesios 6:12 también nos ayuda a entender que el mal que enfrentamos tiene una estructura y un orden. La versión «Prince» de las partes que siguen de este versículo dice: «sino contra varias áreas de gobernación y diferentes niveles de autoridad». Esto significa que hay gobernantes y subgobernantes. En el estado de Hawai, por ejemplo, la isla más grande (también llamada Hawai), opera, sin duda alguna, un gobernante satánico llamado Pele. Puede preguntar a los habitantes de la isla y comprobar que, históricamente, esto se ha sabido durante siglos.

En esta jerarquía del mal, bajo los subgobernantes, hay otros cabecillas de menor rango que pueden regir sobre ciudades grandes o ciertos grupos étnicos. La organización del reino de Satanás es sumamente eficaz, porque él la aprendió de Dios. Recordemos que Lucero era el gobernante principal, el arcángel, a cargo de una tercera parte de los ángeles. Él dirigió la rebelión de esos ángeles contra Dios, pero luego mantuvo la estructura del liderazgo. Por eso su reino, con sus diferentes ámbitos de acción y niveles de autoridad, es tan eficiente.

La versión «Prince» de la siguiente frase es: «los que dominan el mundo en estas tinieblas actuales». Las palabras *mundo* y *dominan* son claves, porque demuestran la meta de Satanás de dominar al mundo entero. Dado que este es su propósito, todo lo que hace Satanás se dirige hacia tal fin. Como veremos en el siguiente capítulo, el reino de Satanás es un ámbito de tinieblas, de modo que los que viven allí no saben dónde están, porque permanecen en la oscuridad.

La última frase sería: «los [...]*espirituales de maldad*». No, no omití una palabra por error. Permítame explicar la supresión del sustantivo. El griego tiene un género neutral que puede utilizarse en plural *sin* sustantivo. Por ende, puede traducirse aquí «espirituales de maldad». En el español, habría que anteponer un sustantivo. Usualmente las palabras añadidas han sido *huestes* o *fuerzas*. Prefiero *huestes* porque son ángeles, según lo entiendo. Así, la frase completa más exacta en español diría: *huestes espirituales de maldad.*

Estas fuerzas son los «dominadores mundiales de las tinieblas actuales». La versión Reina-Valera dice «los gobernadores de las tinieblas de este siglo». Prefiero usar el término *dominadores* porque la palabra griega *krato* denota el sentido de algo «poderoso». Una derivación de esta palabra se utiliza en un título de Jesús, exclusivo de Dios: *pantokrator*, que traduce «Todopoderoso».

Pablo utiliza otra palabra con el sentido de «poder» para describir la obra de las huestes de tinieblas: *kosmocrator*. Esta expresión puede traducirse literalmente como «los dominadores del cosmos», donde *cosmos* alude al orden mundial actual. Hay dos palabras malignas en el mundo espiritual. Una es *dominar*, y la otra, *manipular*. Dondequiera que se encuentren estos dos vocablos ha encontrado a Satanás, porque son las cosas que busca el enemigo. Dios hace lo absolutamente opuesto. Dios nunca domina, y Él nunca manipula.

Los lugares celestes

Pablo también nos dice en Efesios 6:12 que estas huestes espirituales se encuentran en «regiones celestes». Una traducción literal sería «en los cielos». Recordemos que el reino de Satanás lo comandan personas sin cuerpos. Creo que se encuentran en diferentes niveles de autoridad, donde cada gobernante rinde cuentas a un superior directo.

Para algunos cristianos puede resultar problemática la idea de que la sede de gobierno de Satanás esté en los cielos. Sugiero tener en cuenta que desde el primer versículo de la Biblia *cielos* es plural. «En el principio creó Dios los cielos y la tierra». Pablo escribió: «Conozco a un hombre en Cristo, que hace catorce años (si en el cuerpo, no lo sé; si fuera del cuerpo, no lo sé; Dios lo sabe) fue arrebatado hasta el tercer cielo» (2 Corintios 12:2). Por simple lógica, si hay un tercer cielo, tiene que haber un primer y segundo cielo.

Pablo, refiriéndose en Efesios 4:10 a cómo Cristo descendió a las partes bajas de la tierra y después ascendió al cielo, declara: «El que descendió, es el mismo que también subió por encima de todos los cielos…». Cuando Pablo dice *todos los cielos,* respalda nuestra conclusión de que debe existir más de un cielo. Algunas personas, incluso, hablan de sentirse en el «séptimo cielo». En lo personal, recomiendo que el cristiano no utilice esta frase, porque viene del Corán. Si usted se siente muy feliz, sugiero que se vaya por: «me siento como flotando en una nube».

La Biblia enseña que Satanás fue echado de la presencia de Dios y de Su cielo.

Aparentemente, en alguna parte entre *el* cielo (de la presencia de Dios) y la tierra, Satanás estableció un reino opositor conformado por ángeles rebeldes. Esto es relevante para nuestra vida de oración. ¿Por qué? Pues porque, cuando oramos, muchas veces tenemos que penetrar la oposición satánica en contra nuestra. Por eso existe la instrucción de *persistir en oración.*

La realidad de la existencia de este reino satánico afecta a todo cristiano, porque desde el momento en que uno nace de nuevo, ya pertenece al reino de Dios y, por lo tanto, está en guerra contra el reino de Satanás. Queramos o no, experimentamos este conflicto. Permítame ilustrar esta idea. Soy un ciudadano naturalizado en los Estados Unidos. Cuando recibí ese derecho en 1970, de haber estallado una guerra entre los Estados Unidos y Rusia, automáticamente yo hubiera estado también en guerra contra Rusia a partir del mismo instante en que me convertí en ciudadano americano. No me quedaba otra opción.

Algo similar ocurre a cada persona que nace en el reino de Dios. En el momento que nace de nuevo, está en guerra contra el reino opositor. Cuando usted entiende plenamente esta verdad, se aclaran muchas experiencias de su vida que antes no tenían explicación.

Hemos hecho un bosquejo de la estructura del reino de Satanás. La meta del enemigo es extender su reino hasta controlar en forma total el actual sistema mundial. Para lograr esta meta, Satanás tiene un plan que hoy está implementando en todo el mundo.

EL PROGRAMA DE SATANÁS PARA EL FIN DEL SIGLO

Hemos visto que Dios tiene un programa para el fin de este siglo, con metas, estrategias y etapas específicas. En los capítulos que siguen, descubriremos que Satanás también tiene su programa, con metas y estrategias que ha diseñado para cumplirlo. Nos conviene conocerlo detalladamente.

Ya sabemos que Satanás tiene un reino opositor en lugares celestes, cuyos súbditos son seres espirituales sin cuerpos. Su única meta bajo la dirección de Satanás es resistir y oponerse a Dios, a Su pueblo y a Sus planes. Es contra tales seres espirituales que tenemos que reaccionar y combatir.

Muchos cristianos no entienden que Satanás tiene un programa; pero esa ignorancia no cambia la realidad. El enemigo está trabajando constantemente para cumplir ciertos objetivos. Desafortunadamente, somos más propensos a dejarnos engañar, o a la ineficacia en nuestra guerra contra él, si carecemos del entendimiento para identificar lo que él quiere conseguir, y los métodos que utiliza.

Tenemos claro que Satanás, como su nombre lo indica, es el que opone resistencia. El que se levanta contra los propósitos de Dios y de Su pueblo. Podemos entender, entonces, que todo lo que Dios quiere hacer para nuestro bien será resistido por Satanás y sus propósitos malignos. Además, como veremos en nuestro estudio, Satanás, en esencia, es un imitador; toma lo bueno que Dios provee e intenta copiarlo, dándole una buena apariencia, que sin embargo oculta algo siniestro bajo la fachada.

Los hijos de desobediencia

Volvamos a Efesios 2:2-3. El apóstol Pablo escribe a creyentes en Cristo, y se refiere a sus antiguos patrones de vida:

…en los cuales anduvisteis en otro tiempo, siguiendo la corriente de este mundo, conforme al príncipe de la potestad del aire, el espíritu que ahora opera en los hijos de desobediencia, entre los cuales también todos nosotros vivimos en otro tiempo en los deseos de nuestra carne, haciendo la voluntad de la carne y de los pensamientos, y éramos por naturaleza hijos de ira, lo mismo que los demás.

En este pasaje sobre los inconversos e impenitentes, Pablo advierte que es Satanás quien los dirige. Él es el gobernante del ámbito de autoridad que hemos llamado «el aire». Vimos que este era precisamente el dominio que Dios había encomendado originalmente a Adán, con autoridad divina sobre toda la tierra. Cuando fue desleal a Dios y cedió a la tentación de Satanás, Adán entregó toda su autoridad al enemigo.

De esta manera, Satanás llegó a ser el gobernador del ámbito de autoridad del aire, trabajando como espíritu en los humanos que desobedecen a Dios. El reino de Satanás, sin embargo, tiene validez solamente entre los que no se someten al Señor. Cuando una persona se vuelve a Dios con verdadero arrepentimiento, fe y sumisión, expira el derecho legal y el dominio que el enemigo tenía sobre ella, aunque Satanás todavía reine en los hijos de desobediencia, los rebeldes y los impenitentes. Todos los que rehúsan creer y someterse a Dios están bajo la esclavitud de este rey. Job 41 identifica al mencionado «*rey*» como *leviatán*, el rey sobre los hijos del orgullo. La soberbia, la rebelión y la terquedad le otorgan a Satanás derecho legal y dominio sobre este grupo de personas.

Aunque Satanás es un gobernante en el mundo actual, no tiene el control completo. Podrá acceder a la raza humana a causa de su desobediencia a Dios, pero no domina a la totalidad de la humanidad. Por lo que puedo entender de las Escrituras, los ángeles que se rebelaron contra Dios, siguieron a Satanás y están bajo su control, tienen que hacer lo que él manda; pero es obvio que su dominio no es absoluto sobre los pecadores y los sistemas del mundo. El grado de control que ejerce sobre estos, tiene un límite.

El rol del Espíritu

A medida que avancemos hacia el fin del siglo, creo que Satanás perseguirá dos metas principales: primera, ganar el control político sobre la tierra a través de los gobiernos humanos; y segunda, atraer hacia sí la adoración de todo el mundo. Son las mismas metas a las que Satanás ha dirigido sus acciones durante toda la historia. Al acercarnos al fin del siglo, sus objetivos están cada vez más cerca, a la vez que los planes de Dios para los últimos días, como hemos visto, también se aproximan a su cumplimiento.

Creo que Dios va a permitir soberanamente, dentro de cierto marco, que Satanás tenga una breve oportunidad de alcanzar sus dos metas, como parte del juicio divino contra el mundo por haber rechazado a Cristo y Su reino. No obstante es muy importante entender que, al mismo tiempo, hay una gran fuerza en el mundo que impide a Satanás el cumplimiento de sus ambiciones. La poderosa fuerza que lo limita es el Espíritu de Dios. Es el Espíritu Quien mueve los corazones al arrepentimiento, con fe en Dios, en Su Palabra y en Jesucristo. Cuando hombres y mujeres buscan a Dios en arrepentimiento y sumisión, se acaba el dominio que Satanás había tenido sobre ellos. Mientras el Espíritu de Dios esté obrando en el mundo, Satanás nunca alcanzará el control que ambicionan su planes.

Muchas personas no entienden que, si se dejase a la raza humana sola y por su cuenta, se mantendría en rebeldía y pecado. Los seres humanos nunca buscarían a Dios por fuera de la obra del Espíritu de Dios, que es el Espíritu de gracia. No hay nada en la humanidad impenitente, perdida, y rebelde que la lleve a buscar a Dios con excepción del mover del Espíritu Santo. Esta gran verdad de las Escrituras no es entendida por muchas personas, pero buena parte del Evangelio hace énfasis en ella y la considera un fundamento. Dependemos del Espíritu de Dios para buscarlo y encontrarnos por primera vez con Él.

En el Salmo 14:1-3, vemos un cuadro de la dinámica que mueve el corazón de la humanidad cuando está separado del Espíritu de Dios:

Dice el necio en su corazón: No hay Dios. Se han corrompido, hacen obras abominables; no hay quien haga el bien. Jehová miró desde los cielos sobre los hijos de los hombres, para ver si había algún entendido, que buscara a Dios.

Todos se desviaron, a una se han corrompido; no hay quien haga lo bueno, no hay ni siquiera uno.

Sin la obra del Espíritu Santo, la humanidad carece de entendimiento, no busca a Dios, no hace lo bueno. A menudo nos engañamos imaginando que hay algo bueno en nosotros que hizo que buscáramos a Dios y recibir a Jesucristo. Durante muchos años, repetí para mis adentros: «¡Siempre mi corazón había anhelado conocer la verdad!». En cierto sentido, solo me estaba felicitando a mí mismo. Pero un día, Dios me habló al respecto y sobre las Escrituras por el Espíritu Santo: «*No te jactes por eso, porque si Mi Espíritu no hubiera puesto en ti el amor hacia la verdad, tú nunca lo habrías tenido*».

Ahora que sabemos que Satanás tiene un programa para el fin del siglo, un guion que puede ser cambiado por el Espíritu de Dios, vamos a investigar esto más a fondo. En el próximo capítulo, descubriremos algunas tácticas que Satanás usa en el mundo para alcanzar sus metas.

SE BUSCA A UN HOMBRE

Con miras a llevar a cabo su plan para el fin del siglo, Satanás busca a un hombre que le permita alcanzar sus objetivos. Para empezar a entender esto, vamos a examinar primero la tentación de Jesús en el desierto, dirigida por el mismo Lucero. Esta parte trata los reinos terrenales y su control.

> *Y le llevó el diablo a un alto monte, y le mostró en un momento todos los reinos de la tierra. Y le dijo el diablo: A ti te daré toda esta potestad, y la gloria de ellos; porque a mí me ha sido entregada, y a quien quiero la doy. Si tú postrado me adorares, todos serán tuyos. Respondiendo Jesús, le dijo: Vete de mí, Satanás, porque escrito está: Al Señor tu Dios adorarás, y a él solo servirás.*
>
> *Lucas 4:5-8*

El objetivo supremo de Satanás es recibir la adoración de toda la tierra. Su estrategia es usar a un hombre para ganar control político sobre toda la tierra, para que este individuo lleve a todo el mundo a adorarlo a *él*. Satanás dijo a Jesús: «Si tú me adorares, te daré el poder de ser el gobernador del mundo».

Satanás sabía lo que pasaría si llegaba a dar este poder a Jesús. El mundo reconocería a Jesús pero, en realidad, lo estaría reconociendo a *él* , porque fue Satanás quien le dio ese poder. En tal caso, adorar a Jesús significaría adorar a Satanás. Pero Jesús respondió: «Satanás, no lo haré porque hay uno solo a quien debemos adorar, y es el Señor nuestro Dios». Jesús rechazó la tentación, así que el enemigo sigue buscando alguien a quién usar en lugar de él. Va detrás de un hombre al que el mundo adorará como un mesías.

¿Cristo o anticristo?

Creo que en todo lugar donde se predica a Cristo, el diablo presentará su alternativa, que es un anticristo. Así que, continuamente, la raza humana es confrontada por dos opciones: ¿Cristo, o el anticristo? La primera ocasión en que estas alternativas fueron puestas delante de un representante de la raza humana, se presentó cuando Jesús estuvo ante Poncio Pilato. Pilato dio a elegir al pueblo entre soltar a Jesús o a Barrabás. Todos sabemos a quién escogió.

Observo que fue la primera vez en la historia humana que el espíritu del anticristo fue manifestado. La fuerza de ese espíritu era tan convincente que llevó a los judíos a rechazar al verdadero Cristo y escoger a un hombre violento, impío y astuto. Barrabás es uno de los muchos ejemplos de anticristo en las Escrituras. Como veremos más adelante, el cordero pascual del Antiguo Testamento es una figura de Cristo, el Cordero de Dios del Nuevo

Testamento. Asimismo, cuando el pueblo tuvo la opción de escoger entre Jesús y Barrabás, nos entregó un cuadro ilustrativo del anticristo que se revelará en el futuro.

Lo anterior será, además, un patrón recurrente para el fin del siglo. De nuevo, Dios presentará a la raza humana una opción: ¿Quiere al verdadero Cristo o al falso? Pero antes, el Cristo verdadero será predicado en todas las naciones, con señales y el poder del Espíritu Santo como testimonio a todo el mundo. Entonces sí, se permitirá a Satanás proceder con su anticristo. En ese momento, el mundo tendrá que tomar una decisión definitiva: O el Mesías o Barrabás. La primera vez que se hizo esta pregunta, no hubo una tercera opción; tampoco la habrá en el fin del siglo. Este es el valle de la decisión citado en Joel 3:14: «¡Muchos pueblos en el valle de la decisión! ...» (énfasis del autor).

Israel siempre ha tenido la oportunidad inicial de recibir la obra de Dios. El Evangelio fue dado primero al judío y después al gentil (ver Romanos 1:16). Pudieron elegir entonces. Ahora, al final de este siglo, todas las naciones tendrán que hacerlo: «...¿A quién queréis...a Barrabás, o a Jesús...?».

Una opción atractiva

Vamos a revisar ahora las opciones de Satanás. Dado que Jesús no aceptó la propuesta del diablo, el enemigo busca a otro hombre de personalidad y talento brillantes. Necesita un hombre de los que el mundo clasifica como «carismático». En nuestra cultura, esta palabra tan popular, *carisma*, viene del término griego que significa «gracia» o «favor». Hay un carisma que proviene del Espíritu

Santo; pero también existe una clase que procede de *otro* espíritu. No siempre resulta fácil discernir la diferencia.

Como Satanás no puede usar a cualquier hombre en esta posición, tiene que encontrar a uno de personalidad, presencia, inteligencia y carácter arrolladores. Jesús habría sido la opción ideal, pero Él rehusó negociar con el diablo.

«La bestia» es uno de los títulos del anticristo, según leemos en Apocalipsis:

> *Y la bestia que vi era semejante a un leopardo, y sus pies como de oso, y su boca como boca de león. Y el dragón le dio su poder y su trono, y grande autoridad. Vi una de sus cabezas como herida de muerte, pero su herida mortal fue sanada; y se maravilló toda la tierra en pos de la bestia, y adoraron al dragón que había dado autoridad a la bestia, y adoraron a la bestia, diciendo: ¿Quién como la bestia, y quién podrá luchar contra ella?*

> *Apocalipsis 13:2-4*

Aparentemente, el anticristo será levantado de la muerte por un milagro, y esto hará que el mundo lo admire y lo siga. Imaginemos que algo así hubiera sucedido con un personaje histórico: ¿cómo habría reaccionado el pueblo americano si John F. Kennedy se hubiera levantado de la muerte? Lo más seguro es que habría tenido a toda la nación a sus pies. No estamos criticando a ese presidente, es solo una hipótesis para ilustrar el impacto que un evento semejante podría tener sobre una nación.

Nadie podrá hacer guerra contra la bestia, porque él tendrá bajo su control a todos los gobiernos, con sus fuerzas militares. Contará con policía secreta, y servicios de inteligencia que nadie podrá resistir pues, según Ezequiel 28:3 será más sabio que Daniel y ningún secreto se le podrá ocultar. Dispondrá de entendimiento y sabiduría sobrenaturales dados por Satanás.

La máxima prioridad de Satanás, por lo anterior, es levantar a un hombre como su representante para gobernar a todas las naciones, y oponerse al verdadero Cristo. Por medio del anticristo, recibirá la adoración de todo el mundo. Al adorar al anticristo, el mundo en realidad estará adorando a Satanás, quien le dio su poder.

Las tácticas de Satanás

Satanás utilizará dos tácticas principales para lograr su meta de recibir la adoración del mundo. Primero, liderará la intervención directa de instrumentos espirituales de su reino. En segundo lugar, intensificará la manifestación corrupta del pecado en el corazón humano, lo que traerá una disminución progresiva de la moralidad y la ética. Algunas personas pretenden hacernos pensar que el mundo está mejorando, pero esto no puede ocurrir donde opera el pecado. Las condiciones actuales, en lugar de mejorar, seguirán empeorando, a menos que Dios intervenga, por Su gracia.

En el siglo veinte, el mundo conoció a dos de los gobernantes más malvados, crueles, despiadados y destructivos de la historia humana: Adolfo Hitler y Josef Stalin. Cada uno fue responsable directo de la matanza de decenas de millones de seres humanos. No creo que nada en la historia del mundo pueda compararse con las acciones de estos dos hombres. Desde que caminaron sobre la tierra, los sistemas políticos e ideológicos siguen produciendo hombres similares: Pol Pot, Saddam Hussein y los líderes de Corea del Norte, entre otros. La raza humana no está mejorando. La corrupción que habita en ella solamente pude permitir el surgimiento de gobernantes como Stalin y Hitler.

Satanás, aparte de levantar hombres malignos, tiene una segunda estrategia, que es impulsar una intervención directa y sobrenatural de espíritus malignos. Estas dos tácticas se combinan para producir una cultura corrupta, y el gobernante a la medida que busca Satanás.

LOS DÍAS DE NOÉ

En el Antiguo Testamento hay dos patrones de una sociedad corrupta. Cada uno ilumina varias verdades relacionadas con el proyecto culminante de Satanás. El primero es el tema de este capítulo y surge en los días de Noé. El segundo proviene del período de Acab, rey de Israel, y lo analizaremos en el siguiente capítulo.

Encontramos el desarrollo del patrón en el primero de estos ejemplos:

> *Aconteció que cuando comenzaron los hombres a multiplicarse sobre la faz de la tierra, y les nacieron hijas, que viendo los hijos de Dios que las hijas de los hombres eran hermosas, tomaron para sí mujeres, escogiendo entre todas.*
>
> *Génesis 6:1-2*

Algunos pueden discrepar, pero creo firmemente que la expresión *hijos de Dios* en este pasaje es usada para referirse a los ángeles caídos. No habla de los ángeles leales a Dios, sino de los que se unieron a Lucero en su rebelión contra el Altísimo. En un momento dado, bajaron de los cielos para vivir con humanas.

Una interacción impía

Es interesante que, aparte de las Escrituras, numerosos mitos y tradiciones antiguos de las razas humanas alrededor del mundo mencionen este tipo de interacciones. La mayoría de los héroes («varones de renombre») en las mitologías griega y romana, procedían de un dios que había tenido relaciones sexuales con una mujer. Como Zeus y Leda, para citar un ejemplo de la mitología griega.

No creo que se tratara solo de mitos. La Biblia presenta el mismo cuadro.

> *Había gigantes (en el hebreo, nephilim, o los caídos) en la tierra en aquellos días, y también después que se llegaron los hijos de Dios a las hijas de los hombres, y les engendraron hijos. Éstos fueron los valientes que desde la antigüedad fueron varones de renombre.*
>
> *Génesis 6:4*

En el pasado, como sucede en la actualidad, hubo una intervención directa del reino espiritual en la raza humana, provocada por los representantes de Satanás. Dicha interacción fue la causa principal de toda la corrupción que mencionamos en este capítulo. Como resultado, Dios envió un juicio: el diluvio universal. La explicación de que el proceso de corrupción se acelerara tanto, está en una intervención sobrenatural maligna.

Algunas personas rechazan esta teoría argumentando que los ángeles no se casan, para lo cual citan la declaración de Jesús en Marcos 12:25. Pero observemos algo: Jesús dijo que los ángeles *en el cielo* no se casan. En otras partes de la Escritura, sin embargo, está escrito que estos ángeles caídos dejaron su propio reino y cambiaron de apariencia. En el transcurso de mi ministerio, he tenido contacto con al menos tres casos de mujeres que aseguraron haber sido buscadas por demonios para tener relaciones sexuales con ellas.

Respecto a este tema, hay dos pasajes del Nuevo Testamento que podemos revisar. El primero es 1 Pedro 3:19-20: «...en el cual también (Jesús) fue y predicó a los espíritus encarcelados (en el Hades), los que en otro tiempo desobedecieron, cuando una vez esperaba la paciencia de Dios en los días de Noé...».

Había espíritus encarcelados en el Hades que Dios puso allí con un propósito específico. La mitología griega está colmada de referencias a un lugar llamado *tartaru*, cierta clase de prisión, situada a la misma distancia que existe entre el Hades y la superficie de la tierra. En el Nuevo Testamento, la palabra en griego que se traduce como «infierno» (2 Pedro 2:4), es utilizada para referirse al lugar de estos ángeles rebeldes. En este sentido, la Biblia y la mitología concuerdan.

En este pasaje, un grupo particular de ángeles ha sido encerrado en ese lugar específico, quizás más profundo que la prisión del Hades. Parece que Jesús bajó a este lugar en el tiempo transcurrido entre Su muerte y Su resurrección. No les predicó el Evangelio, pero hizo una declaración.

Encontramos una referencia similar en Judas 6-7:

Y a los ángeles que no guardaron su dignidad, sino que abandonaron su propia morada, los ha guardado bajo oscuridad, en prisiones eternas, para el juicio del gran día; como

Sodoma y Gomorra y las ciudades vecinas, las cuales de la misma manera que aquéllos, habiendo fornicado e ido en pos de vicios contra naturaleza, fueron puestas por ejemplo, sufriendo el castigo del fuego eterno.

Aquí me resulta obvio que, así como el homosexualismo es una práctica «contra naturaleza» en el contexto de la raza humana, estas referencias apuntan a los ángeles que se salieron de los límites de su propia naturaleza. Actuaron «contra naturaleza» al convivir con mujeres.

No hay necesidad de profundizar en este tema, de por sí desagradable, pero sí vale la pena subrayar que la Biblia expone un cuadro claro y consistente. Las Escrituras confirman que una intervención sobrenatural satánica fue lo que originó la última avalancha de inmoralidad causante del diluvio.

De continuo solamente el mal

Ahora, vamos a examinar más a fondo la degradación moral que surgió de esta intervención sobrenatural, enfocando tres versículos de Génesis 6.

Y vio Jehová que la maldad de los hombres era mucha en la tierra, y que todo designio de los pensamientos del corazón de ellos era de continuo solamente el mal (versículo 5).

(El punto de degradación moral citado aquí es: *designio de los pensamientos*).

Y se corrompió la tierra delante de Dios, y estaba la tierra llena de violencia (versículo 11).

(El punto de degradación moral citado aquí es: *violencia*).

Y miró Dios la tierra, y he aquí que estaba corrompida; porque toda carne había corrompido su camino sobre la tierra (versículo 12).

(El punto de degradación moral citado aquí es: *corrompido*).

El significado de *corrompido*, según encuentro en la Escritura, enfatiza la perversión y degradación sexual. Así que, estos tres aspectos principales caracterizaban la degeneración humana antes del diluvio: el designio de los pensamientos, la violencia, y la perversión y corrupción sexual. Ahora mismo, si miramos lo que ocurre en los Estados Unidos y gran parte de la cultura occidental, son notables estos factores de degradación moral, y continúan en aumento en nuestro mundo. Ya mencioné que el Espíritu Santo es la influencia que impide a Satanás tomar un control total. El Espíritu puede ejercer esta influencia al obrar en el corazón humano, conduciéndolo al arrepentimiento y a la fe en Jesucristo.

Canales de justicia

Quiero señalar que el Espíritu Santo necesita contar con un medio para hacer Sus obras. El canal que utilizó en ese entonces fueron Noé y su familia. Cuando ellos ya no se encontraban entre la gente, el Espíritu de Dios tampoco. Hubo un lapso de siete días en que Satanás tuvo un control total; después llegó el juicio final.

Hay algo en Génesis 7:1 que merece destacarse: «Dijo luego Jehová a Noé: Entra tú y toda tu casa en el arca: porque a ti he visto justo delante de mí en esta generación». Fue la justicia de Noé la que salvó a su familia. Dios no dijo: *«los he hallado justos […] a ti y a tu familia»*;

pero salvó a su familia porque *Noe* era justo. Hechos 16:31 declara: «Cree en el Señor Jesucristo, y serás salvo, tú y tu familia». Este principio se encuentra en toda la Biblia. Claramente tenemos el derecho de creer que nuestra familia será salva. No estoy diciendo que nuestras familias se salvarán sin ejercer fe en Jesucristo, pero tenemos el derecho de confiar en que ellos llegarán a creer en Jesucristo. Tampoco estamos sugiriendo que los de la familia de Noé fuesen incrédulos, sino que llegaron a ser creyentes a través de la gracia de Dios que se manifestó en Noé.

Siete días

A continuación, leemos:

Porque pasados aún siete días, yo haré llover sobre la tierra cuarenta días y cuarenta noches; y raeré de sobre la faz de la tierra a todo ser viviente que hice […] y por causa de las aguas del diluvio entró Noé al arca, y con él sus hijos, su mujer, y las mujeres de sus hijos […] y sucedió que al séptimo día las aguas del diluvio vinieron sobre la tierra.

Génesis 7:4,7,10

Antes de que empezara el diluvio Noé y su familia pasaron siete días en el arca, y las Escrituras dicen que Dios cerró la puerta. Durante esos siete días, en cierto sentido, la raza humana fue entregada a Satanás, porque el Espíritu de Dios había entrado en el arca con Noé y su familia.

Jesús afirma que la experiencia de Noé sirve de modelo para entender cómo serán las condiciones al fin del siglo. Él declaró: «Como fue en los días de Noé, así también será en los días del Hijo del Hombre» (Lucas 17:26). Estos patrones básicos se reproducirán al final del siglo, incluyendo una intervención satánica y sobrenatural directa desplegada por espíritus demoníacos. Habrá un crecimiento desbordado de la corrupción, anarquía, violencia e inmoralidad. Pero como veremos en los próximos capítulos, Dios tendrá un pueblo, que ejercerá su influencia para frenar el mal a través de la gracia y la justicia.

Cuando Dios quite de en medio a estas personas, la influencia del Espíritu de Dios también será retirada. Durante un período de tiempo, la raza humana será (por así decirlo), entregada a Satanás. Después de esto, llegará el juicio final. No pido que me crean solo por lo que estoy diciendo, sino por el patrón presente en las Escrituras, un modelo veraz, que me parece digno de ser tomado en serio.

EL PATRÓN DE ACAB

En el capítulo anterior, hablamos de la experiencia de Noé y su familia; pero creo que también es posible identificar un patrón sobre el fin del siglo en los días del rey Acab. Este rey de Israel fue extremadamente malvado. En sus días, Israel era el reino del norte, que no incluía a Judá (el reino del sur).

Ciertas manifestaciones de la maldad de Acab y las fuerzas oscuras que obraban en su reino determinan que este período de la historia de Israel se considere un tipo para describir el fin del siglo. Al analizar cómo era Israel en los días de Acab, encontramos que algunas de las mismas influencias que prevalecían entonces se ven en nuestro tiempo: la degeneración del carácter humano y una intervención satánica sobrenatural.

Débil e infantil

Observemos a algunos de los principales individuos del tiempo de este rey.

Comenzó a reinar Acab hijo de Omri sobre Israel el año treinta y ocho de Asa rey de Judá. Y reinó Acab hijo de Omri sobre Israel en Samaria veintidós años. Y Acab hijo de Omri hizo lo malo ante los ojos de Jehová, más que todos los que reinaron antes de él. Porque le fue ligera cosa andar en los pecados de Jeroboam hijo de Nabat, y tomó por mujer a Jezabel, hija de Et-baal rey de los sidonios, y fue y sirvió a Baal, y lo adoró. E hizo altar a Baal, en el templo de Baal que él edificó en Samaria. Hizo también Acab una imagen de Asera, haciendo así Acab más que todos los reyes de Israel que reinaron antes que él, para provocar la ira de Jehová Dios de Israel.

1 Reyes 21:29-33

Acab era terco y perverso. Pero a la vez tenía un carácter débil, y un comportamiento infantil. Cuando no pudo conseguir la viña de Nabot, fue a su casa y lloró en la cama hasta que su esposa, Jezabel, arregló conseguírsela por medio de un plan para matar a Nabot (1 Reyes 21:1-16). Acab mostró una personalidad enferma y degenerada, similar a la de muchos reyes de la historia reciente. Tales monarcas pueden llegar a tener un tremendo poder, pero también comportarse como niños pequeños cuando algo les desagrada.

Vemos esta clase de persona en Acab: débil, caprichoso, deshonesto, cruel, inestable e irresponsable, pero astuto. Su carácter voluble le permitió dejarse manejar por su dominante e insidiosa mujer.

1 Reyes 21:25 resume el perfil de Acab en un solo versículo: «A la verdad ninguno fue como Acab, que se vendió para hacer lo malo ante los ojos de Jehová; porque Jezabel su mujer lo incitaba».

En efecto, Acab «se vendió» al mal. Aceptó una treta de Satanás y, al hacer esto, se puso a su servicio. Acab fue un tipo del anticristo, porque negoció con el diablo. Todo lo expuesto por las Escrituras es un cuadro de la realidad: un espejo de la naturaleza humana y de cómo funcionan las fuerzas del mal. Cuando Acab se vendió a Satanás, sometiéndose a este para tener su poder, entonces se convirtió en tipo del anticristo.

He ministrado a individuos que hicieron un negocio con Satanás cuando oraron a él. Algunos de los casos de posesión demoníaca que he tratado llegaron hasta ese punto con personas que habían entrado en algún tipo de acuerdo con el diablo. Desde que hicieron esto, él les consideraba su posesión por toda la eternidad. Lograr una liberación de esta clase de opresión demoníaca representa una batalla mayor.

Jezabel, la esposa de Acab, lo apoyó en su maldad con poder satánico sobrenatural y adoración demoníaca. En ese sentido, Jezabel es un tipo de la iglesia falsa. Al final del siglo, la iglesia falsa hará una alianza con el anticristo por un tiempo corto.

Lo malo de Jezabel

Nos resultaría provechoso analizar a Jezabel, la esposa de Acab, porque ella es un tipo de la prostituta nombrada en Apocalipsis 17 y 18. Ella tipifica la iglesia falsa, con su idolatría, maldad y crueldad. En 1 Reyes encontramos una descripción bastante elocuente de la crueldad de Jezabel: «Porque cuando Jezabel destruía a los profetas de Jehová, Abdías tomó a cien profetas y los escondió de cincuenta en cincuenta en cuevas, y los sustentó con pan y agua» (1 Reyes 18:4).

Jezabel perseguía a los profetas del Señor, y los asesinaba sin piedad. Abdías le dijo a Elías: «¿No ha sido dicho a mi señor lo que hice, cuando Jezabel mataba a los profetas de Jehová; que escondí a cien varones de los profetas de Jehová de cincuenta en cincuenta en cuevas, y los mantuve con pan y agua?» (versículo 13).

Jezabel se dedicó a matar a cada profeta del Señor, al tiempo que apoyaba a los falsos profetas de Baal y Asera. Pero Elías hizo llegar un mensaje a Acab: «Envía, pues, ahora y congrégame a todo Israel en el monte Carmelo, y los cuatrocientos cincuenta profetas de Baal, y los cuatrocientos profetas de Asera, que comen de la mesa de Jezabel» (1 Reyes 18:19).

Jezabel mantenía y consentía a ochocientos cincuenta falsos profetas, pero mataba a los profetas del Señor. Así será la iglesia falsa que se levante al final del siglo. Perseguirá a los verdaderos siervos de Dios mientras apoya falsos profetas y a falsos cristos.

La verdadera fuente del poder de Jezabel se halla en 2 Reyes 9:22, pasaje que veremos más adelante. Antes de analizar este versículo, miremos las circunstancias de este momento. Acab había muerto, y Joram, hijo de Jezabel, era el rey de Israel. Sin embargo, Jehú fue ungido por Elías rey de Israel, como Dios había ordenado al profeta (1 Reyes 19:16). Ahora Jehú y Joram se encuentran, y el segundo pregunta al primero: «¿Hay paz, Jehú? Y él respondió: ¿Qué paz, con las fornicaciones de Jezabel tu madre, y sus muchas hechicerías?»

Jezabel era una bruja que actuaba a través de poder satánico sobrenatural. La hechicería de Jezabel, sumada a la corrupción y el carácter malvado de Acab, desencadenó una situación que permitía a las fuerzas de Satanás tener un control casi total sobre el reino de Israel.

La respuesta de Dios

En ese momento, la solución de Dios para semejante situación era una nueva clase de ministerio, el de Elías. Su ministerio acometió el plan de Dios para confrontar la combinación de los poderes político y sobrenatural satánico que ejercían Acab y Jezabel. Los siguientes versículos nos ayudan a entender lo que Dios tenía en mente.

Entonces Elías tisbita, que era de los moradores de Galaad, dijo a Acab: Vive Jehová Dios de Israel, en cuya presencia estoy, que no habrá lluvia ni rocío en estos años, sino por mi palabra [...] Pasados muchos días, vino palabra de Jehová a Elías en el tercer año, diciendo: Ve, muéstrate a Acab, y yo haré llover sobre la faz de la tierra.

1 Reyes 17:1; 18:1

Elías era la respuesta de Dios a la situación. Por mandato del Señor, desató un juicio sobre las fuerzas de Satanás que buscaban dominar a Israel por medio de la alianza política y diabólica entre Acab y Jezabel.

Nosotros también, en lugar de dejarnos engañar, debemos entender que la batalla final no se peleará en el campo de los argumentos y del razonamiento humano. La pelea tendrá lugar en el ámbito sobrenatural. Cuando el poder de los profetas de Jezabel casi había tomado el control total del país, Dios envió a Elías, un profeta que haría caer fuego del cielo.

Sabemos por las Escrituras de la confrontación entre Elías y los profetas de Baal. Por iniciativa de Elías, se llegó a un acuerdo sobre las «reglas» de la contienda entre los falsos profetas, el profeta de Dios, el rey, y el pueblo: «…El Dios que respondiere por medio de fuego, ese sea Dios» (1 Reyes 18:24). En otras palabras, debía ser una demostración, no solo cuestión de palabras. Eligieron ver el hecho. Éste es el mensaje al mundo de hoy, y es un reto que la Iglesia está en la obligación de aceptar. No podemos evitar el desafío. Tenemos el deber de producir la evidencia del poder sobrenatural de Dios, porque los siervos de Satanás ya están demostrando su poder.

Al fin del siglo, cuando la bestia y la iglesia falsa se levanten, la situación exigirá un ministerio similar, enviado por Dios. Como dice Malaquías 4:5 «He aquí, yo os envío (dice Dios a Su pueblo) el profeta Elías, antes que venga el día de Jehová, grande y terrible».

El ministerio de Elías se relaciona específicamente con una situación en la que el poder político es usurpado y, después, manipulado por un poder demoníaco que busca destruir al pueblo de Dios y derrotar Su reino. Este es el programa de Satanás para el fin del siglo.

SE LEVANTAN LOS FALSOS PROFETAS

Como vimos en los dos capítulos anteriores, los días de Noé y de Acab son cuadros de los eventos que sobrevendrán en este siglo; pero también hay pasajes proféticos que pronosticaron estos eventos. Refiriéndose a los tiempos finales, Jesús dio un bosquejo profético de las situaciones espirituales y políticas que habrían de manifestarse. En este sermón, Él nos habla sobre dos hechos; falsos profetas y falsos cristos. Primero, Jesús dice: «Y muchos falsos profetas se levantarán, y engañarán a muchos» (Mateo 24:11). Más adelante, lo repite: «Porque se levantarán falsos cristos, y falsos profetas, y harán grandes señales y prodigios, de tal manera que engañarán, si fuere posible, aun a los escogidos» (versículo 24).

Al final del siglo, se levantarán falsos profetas y falsos cristos con poder sobrenatural. Además, permanecerán bajo engaño quienes no estén fundamentados en Cristo, ajenos al poder de Dios y la verdad de Su Palabra. Hay personas tan ingenuas que creen que todo poder sobrenatural procede de Dios. Esto no es cierto. Son dos las fuentes de poder sobrenatural: por un lado, la de Dios; y por otro, la de Satanás. No creo que exista una tercera alternativa. Jesús nos advirtió que al final de este siglo, el poder satánico será liberado sobre la raza humana, con un objetivo principal: *engañar.*

Fuerzas malignas en acción

Al estudiar otras porciones del Nuevo Testamento, encontramos que esta verdad se retoma. Pablo hace una declaración paralela: «Pero el Espíritu dice claramente que en los postreros tiempos algunos apostatarán de la fe, escuchando a espíritus engañadores y a doctrinas de demonios» (1 Timoteo 4:1).

«La fe» mencionada en este pasaje es la del cristianismo. No es cualquier fe, sino *la* fe. Las personas a las que se refiere Pablo han estado en la fe; pero advierte que la dejarán bajo la influencia de espíritus satánicos seductores, con sus falsas enseñanzas.

En la segunda carta de Pablo a Timoteo, vemos una descripción más detallada de la actuación de estas mismas fuerzas: «Mas los malos hombres y los engañadores irán de mal en peor, engañando y siendo engañados» (2 Timoteo 3:13). En el griego, la palabra traducida como *engañadores* significa *magos* o *encantadores.* Es decir, no se trata de cualquier engañador, sino de personas que, en forma deliberada, cultivan un poder sobrenatural satánico. Magos a la manera de los hechiceros, brujos, adivinos o clarividentes, estas personas no se guían por su propia habilidad natural y entendimiento; dependen de ese poder sobrenatural y revelación de origen satánico. Pero, siendo siervos de Satanás, los individuos malvados, de naturaleza humana corrompida, solo conseguirán ir de mal en peor, engañando y siendo engañados.

No hay nadie más engañoso que una persona engañada. A veces nos desconcierta y asombra que tal persona pueda decir mentiras descabelladas y esperar que creamos sus exageraciones. La razón es que esa persona se encuentra bajo el influjo de un engaño. Él (o ella) realmente cree lo que está diciendo. Los engañados son, de todos los individuos, los peores engañadores.

No puedo comprobar lo que voy a decir pero sí diré que lo encuentro creíble. Una vez me contaron que la máquina detectora de mentiras puede registrar la reacción de alguien que conscientemente dice una mentira; sin embargo, no detectará el engaño de un mentiroso patológico que realmente cree lo que está diciendo, porque este no presentará una reacción que pueda ser leída por la máquina. Dicho individuo ignora que está diciendo una mentira, pues ha sido engañado y por lo tanto cree que dice la verdad. Me parece que en muchos de estos casos no es la persona la que habla, sino un espíritu que miente a través de él.

Individuos así (justo a los que Pablo se refiere), son los más peligrosos. No los de la clase que engaña deliberadamente diciendo lo que saben que es falso. Resultan mucho más peligrosos quienes, son tan engañados, que creen las mentiras que nos dicen.

Un conflicto abierto

A igual que en los días de Acab y Elías, en los tiempos finales vamos a sostener una confrontación abierta con un poder sobrenatural. Revisando otro pasaje de 2 Timoteo 3, comprobamos la razón de que se tradujera como *engañadores* la palabra «magos» en el versículo 13 citado arriba.

Y de la manera que Janes y Jambres resistieron a Moisés, así también éstos resisten a la verdad; hombres corruptos de entendimiento, réprobos en cuanto a la fe. Mas no irán más adelante; porque su insensatez será manifiesta a todos, como también lo fue la de aquellos. Versículos 8-9

Los réprobos citados en estos versículos son quienes han conocido la fe y la han dejado. La palabra *réprobo* significa «el que es rechazado». Las Escrituras señalan que al fin del siglo vendrá un conflicto abierto: por un lado estará el poder sobrenatural del Espíritu Santo y los siervos de Dios, y por otro, el poder satánico de magos, brujos, hechiceros, clarividentes y mediums. Al concluir todo, los siervos de Satanás serán expuestos a la vergüenza pública. Su insensatez, que se movía en lo oculto, será manifiesta.

Una batalla sobrenatural

Si la Iglesia opera solamente en lo natural, no podrá prevalecer. En esta batalla, que se desarrollará en el ámbito sobrenatural, la Iglesia también tiene que actuar en lo sobrenatural. Si leemos con atención en Éxodo la historia de la confrontación entre Moisés y los magos de Egipto, confirmaremos que los magos poseían poderes sobrenaturales.

Vinieron, pues, Moisés y Aaron a Faraón, e hicieron como Jehová lo había mandado.

Y echó Aarón su vara delante de Faraón y de sus siervos, y se hizo culebra. Entonces llamó también Faraón sabios y hechiceros, e hicieron también lo mismo los hechiceros de Egipto con sus encantamientos; pues echó cada uno su vara, las cuales se volvieron culebras; mas la vara de Aarón devoró la varas de ellos.

Éxodo 7:10-12

Notemos que la vara de Aarón devoró las de los magos. Al final, el poder sobrenatural de Dios siempre vencerá el poder de Satanás.

Supongo que Faraón pudo haber dicho a Moisés: «Mis magos pueden hacer las mismas cosas que Aarón. ¿Por qué debería creer que tú tienes un mensaje de Dios?»

Los desafíos del poder sobrenatural continuaron.

Y Jehová dijo a Moisés: Di a Aarón: Toma tu vara, y extiende tu mano sobre las aguas de Egipto, sobre sus ríos, sobre sus arroyos y sobre sus estanques, y sobre todos sus depósitos de aguas, para que se conviertan en sangre, y haya sangre por toda la región de Egipto, así en los vasos de madera como en los de piedra. Y Moisés y Aarón hicieron como Jehová lo mandó; y alzando la vara golpeó las aguas que había en el río, en presencia de Faraón y de sus siervos; y todas las aguas que había en el río se convirtieron en sangre [...] y los hechiceros de Egipto hicieron lo mismo con sus encantamientos...

Éxodo 7:19-20, 22

Los magos egipcios también podían convertir el agua en sangre. Otra vez, Faraón hubiera podido decir, «Moisés, ¿por qué debería creer que tú tienes un mensaje para mí. Mira: mis magos pueden hacer lo mismo».

La siguiente confrontación giró alrededor de las ranas.

Y Jehová dijo a Moisés: Di a Aarón: Extiende tu mano con tu vara sobre los ríos, arroyos, y estanques, para que haga subir ranas sobre la tierra de Egipto. Entonces Aarón extendió su mano sobre las aguas de Egipto, y subieron ranas que cubrieron la tierra de Egipto. Y los hechiceros hicieron lo mismo con sus encantamientos, e hicieron venir ranas sobre la tierra de Egipto.

Éxodo 8:5-7

Otra vez, Faraón hubiera podido decir, «No tengo que oírte. Mis magos pueden hacer lo mismo».

Pero en la siguiente prueba, se evidenció lo que hizo la diferencia.

Entonces Jehová dijo a Moisés: Di a Aarón: Extiende tu vara y golpea el polvo de la tierra para que se vuelva piojos por todo el país de Egipto. Y ellos lo hicieron así; y Aaron extendió su mano con su vara, y golpeó el polvo de la tierra, el cual se volvió piojos, así en los hombres como en las bestias; todo el polvo de la tierra se volvió piojos en todo el país de Egipto. Y los hechiceros hicieron así también, para sacar piojo con sus encantamientos; pero no pudieron. Y hubo piojos tanto en los hombres como en las bestias. Entonces los hechiceros dijeron a Faraón: Dedo de Dios es éste...

Éxodo 8:16-19

Los magos egipcios admitieron la realidad. Sabían que estaban frente a un poder sobrenatural superior al que podían enfrentar con su magia. Pero hasta ese instante, ellos no iban a reconocer un poder que fuese inferior al suyo. Así es la naturaleza del conflicto espiritual que enfrentaremos en los tiempos finales.

La generación que enfrentamos

El Nuevo Testamento predice el incremento de la anarquía y la inmoralidad, exactamente como ocurrió en los días de Noé, previos al diluvio. Jesús dijo, en el sermón sobre el fin del siglo: «Y por haberse multiplicado la maldad, el amor de muchos se enfriará» (Mateo 24:12).

Volviendo al griego, hallaremos que esta frase traducida al español expresa, originalmente: «El amor de la mayoría se enfriará». El término usado para *amor* es *ágape*, vocablo utilizado solamente para referirse al amor de Dios y de Su pueblo. En otras palabras: Entre el pueblo de Dios el amor de la mayoría se enfriará, a causa de un ambiente hostil a su alrededor, de maldad e inmoralidad.

Uno de los capítulos claves relacionados con los tiempos finales es 2 Timoteo 3. Allí se nos presenta el cuadro del gran derrumbe moral y ético que ocurrirá a medida que se aproxime el fin del siglo.

> *También debes saber esto: que en los postreros días vendrán tiempos peligrosos. Porque habrá hombres amadores de sí mismos, avaros, vanagloriosos, soberbios, blasfemos, desobedientes a los padres, ingratos, impíos, sin afecto natural, implacables, calumniadores, intemperantes, crueles, aborrecedores de lo bueno, traidores, impetuosos, infatuados, amadores de los deleites más que de Dios, que tendrán apariencia de piedad, pero negarán la eficacia de ella; a éstos evita.*
>
> *2 Timoteo 3:1-5*

Este pasaje empieza y termina hablando del amor, pero una clase de amor desatinado: inicia con «amadores de sí mismos» y del dinero; concluye con «amadores de los deleites». Invito al lector a preguntarse: «¿Ha existido una generación más entregada al amor egoísta (hacia *uno mismo*), al dinero y al placer, que la generación actual?».

Al observar los otros males asociados a la inmoralidad que Pablo menciona aquí, deduciremos que prácticamente todos son típicos de nuestra generación. Si la raza humana no se hubiera degenerado hasta este punto, ni Hitler ni Stalin hubieran ascendido al poder. ¿Por qué? Porque entonces ni los hombres ni las mujeres hubieran hecho las cosas horribles que estos líderes del mal les pidieron.

El versículo cinco asevera que esta cultura muestra una «apariencia de piedad». En medio de tanta maldad, corrupción moral y colapso de la ética, la gente se considerará religiosa. ¡Es difícil entender eso, ¿verdad?! Pero en nuestro días, estas personas podrían pertenecer a cualquier denominación cristiana. De hecho el Señor me ha mostrado que, en muchos casos, una supuesta religión ha sido la fuerza principal detrás de su error. No tengo duda: fue la religión de Jezabel la que hizo a Acab tan malvado.

Así será también al fin del siglo: una religión falsa que no solo esconde la catástrofe moral y ética, sino que la promueve. No es fortuito que la religión falsa y el deterioro moral vayan de la mano. Representan una relación de causa y efecto. Nuestra sociedad continúa su frenético avance en esa dirección.

No al compromiso

Existe un factor más por considerar. Pablo incluye aquí la advertencia: «A estos evita». Si dentro de su círculo de amigos de la iglesia se está asociando con personas que reúnen las características descritas a Timoteo por el Espíritu Santo, la Biblia le anima a separarse de ellas.

En realidad, 2 Timoteo dice mucho sobre la importancia de alejarnos de lo malo.

> *Pero el fundamento de Dios está firme, teniendo este sello: Conoce el Señor a los que son suyos; y: Apártese de iniquidad todo aquel que invoca el nombre de Cristo. Pero en una casa grande, no solamente hay utensilios de oro y de plata, sino también de madera y de barro; y unos son para usos honrosos, y otros para usos viles.*
>
> *2 Timoteo 2:19-20*

Como se puede apreciar aquí, hay dos sellos en un cristiano genuino: primero, el testimonio interior de que Dios nos reconoce como Sus hijos; y segundo, una vida que manifiesta santidad. Pablo advierte en este versículo que quien invoque el nombre de Cristo está obligado a apartarse de la iniquidad. El asunto es si queremos ser un vaso para honra o para deshonra. Si así fuese, tenemos que atender a los siguientes versículos.

> *Así que, si alguno se limpia de estas cosas, será instrumento para honra, santificado, útil al Señor, y dispuesto para toda buena obra. Huye también de las pasiones juveniles, y sigue la justicia, la fe, el amor y la paz, con los que de corazón limpio invocan al Señor. Versículos 21-22*

Es importante tener cuidado a la hora de asociarse. Si usted quiere seguir la justicia, la fe, la paz y el amor, hay que mantenerse acompañado por los que invocan al Señor con corazón limpio. Evidentemente, llegará una bifurcación en el camino que separe a los piadosos de los impíos: «...el tiempo está cerca. El que es injusto, sea injusto todavía; y el que es inmundo, sea inmundo todavía; y el que es justo, practique la justicia todavía; y el que es santo, santifíquese todavía» (Apocalipsis 22:10-11).

Tenemos que escoger si seguimos por el mismo camino o elegimos el otro; no existe una tercera opción. Dios está llevando a la raza humana al valle de la decisión. Nadie saldrá de este valle sin haber tomado una determinación.

Estudiando la Palabra de Dios, hemos empezado a entender la agenda de Satanás para los tiempos finales. Pero, mientras Satanás prosigue con su plan, ¿qué debe hacer la Iglesia de Jesucristo? Como ya mencionamos, parte del propósito de Dios para Su pueblo es que este asuma un papel activo en el sentido de controlar y derribar el reino de Satanás. A fin de darnos la victoria, las Escrituras revelan que Dios ha encomendado a Su Iglesia dos responsabilidades específicas. La primera es frenar los propósitos de Satanás en la tierra hasta que la obra de la gracia de Dios se haya cumplido. La segunda, derribar de las regiones celestes el reino de Satanás.

21

LA RESPONSABILIDAD DE LA IGLESIA

Conscientes de las responsabilidades que los cristianos enfrentaremos en los tiempos finales, tomemos ahora unos minutos para recapitular lo que hemos aprendido. Vimos que Dios tiene tres objetivos principales en la tierra para la Iglesia. El primero es la gran cosecha final de almas, iniciando un derramamiento del Espíritu de Dios al terminar el siglo. De hecho, Jesús dijo: «...La siega *es* el fin del siglo...» (ver Mateo 13:39, énfasis del autor).

Segundo, la Iglesia tiene que prepararse como la esposa de Cristo, quien es el Esposo.

Tercero, la Iglesia ha de ser un instrumento para contener y derribar a Satanás y su reino. Este será el tema de los próximos capítulos.

También hemos confirmado que Satanás tiene sus objetivos específicos para el fin del siglo. Su primera meta es lograr un control político total a través de un hombre que las Escrituras llaman el *anticristo*.

La segunda meta de Satanás es usar a este hombre para recibir una adoración universal, que ha sido el máximo objetivo desde su caída. Por medio de este líder político, a quien él planea levantar al final de este siglo, Satanás recibirá en la tierra, por un breve tiempo, esta adoración casi universal.

Para oponerse a los dos propósitos de Satanás, Cristo ha encomendado a Su Iglesia dos responsabilidades especiales. La primera es *contener los planes de Satanás en la tierra* hasta que los propósitos de la gracia de Dios se hayan cumplido. Dios no contendrá totalmente a Satanás en su empeño, e incluso le permitirá alcanzar un éxito efímero. Es responsabilidad de los discípulos de Cristo, la verdadera Iglesia, resistir la realización de las metas de Satanás, hasta que se cumplan los designios de la gracia divina.

La segunda responsabilidad que Cristo ha encomendado a Sus seguidores es *derribar el reino de Satanás de las regiones celestes*. Aunque esta verdad se proclama de manera consistente en las Escrituras, he encontrado muy pocos cristianos que la entiendan. Yo mismo quedé sorprendido la primera vez que la vi en la Biblia.

En resumen, las dos misiones especiales que Cristo nos ha dado en esta guerra como Sus discípulos son contener las actividades de Satanás, y derribar su reino.

La sal de la tierra

En este capítulo y los que siguen, estudiaremos el poder de los creyentes para contener a Satanás. Jesús nos da la esencia de esta verdad con Su sermón del monte: «Vosotros sois la sal de la tierra; pero si la sal se desvaneciere, ¿con qué será salada? No sirve más para nada, sino para ser echada fuera y hollada por los hombres» (Mateo 5:13).

La sal tiene dos atributos importantes, ambos relacionados con nuestra función en la tierra hoy, como creyentes. Primero, la sal mejora el sabor y realza el valor de ciertas comidas, para hacerles más agradables al paladar. Segundo, la sal tiene el poder de retardar los procesos de corrupción, sirviendo así de conservante. Examinemos en detalle cada atributo.

Todos sabemos que la sal resalta el sabor, haciendo aceptable algo que, de otra manera, sería intolerable. Jesús dijo que somos «la sal de la tierra». Significa que debemos darle *sabor*, y hacer que la tierra sea más aceptable a los ojos de Dios. De otro modo, sin nuestra presencia, resultaría inaceptable ante Él. En otras palabras, mientras estemos presentes aquí, hacemos que Dios mire la tierra con agrado, mediante su gracia, misericordia y favor, en lugar de tratar con ella como lo merece, con ira y juicio. Es nuestra presencia la que impide por ahora un juicio final y hace que Dios otorgue Su misericordia y gracia a *toda* la tierra.

La sal no se consume por grandes cantidades o cucharadas. Solo se añaden a la comida unos granitos a la vez. Pero cada pequeño granito tiene su propósito y función especial: añadir sabor donde es usada. De la misma manera, nosotros, como creyentes, tenemos esta asignación en la tierra. Cada uno debe funcionar como granito de sal, para ser una influencia en nuestra área específica, haciendo que Dios mire con su favor y misericordia, más allá de nosotros, a la gente a nuestro alrededor.

Creo que muchos cristianos no se han dado cuenta de eso. Usted y yo somos responsables por la situación en que vivimos, y llamados a afectar nuestro entorno.

La sal en Sodoma

Consideremos algunas ilustraciones de esta verdad, en las que puede evidenciarse que los creyentes auténticos actuaron como «sal de la tierra». En cada caso, su sola presencia hizo que Dios viera la situación y a la gente involucrada con misericordia, extendiéndoles su favor también a ellos. Si no hubiera sido por los creyentes, Dios no hubiera mostrado Su misericordia, restando solamente la opción de Su ira y juicio.

Lo primero es analizar el trato de Dios con Sodoma en Génesis 18. El Señor había visitado a Abraham, diciéndole que viajaba a esta ciudad para comprobar si su maldad se había consumado hasta un punto sin retorno, como se lo indicaba el clamor contra ella por sus pecados, antes de hacer descender Su juicio sobre ella. ¿Recuerda quién vivía en Sodoma?: Lot, el sobrino de Abraham. Así que Abraham tenía una razón muy particular para estar preocupado. De modo que el patriarca de la fe decidió hablar con el Señor sobre Sus intenciones de enviar un juicio contra Sodoma.

> *Y se acercó Abraham (al Señor) y dijo: ¿Destruirás también al justo con el impío? Quizá haya cincuenta justos dentro de la ciudad: ¿destruirás también y no perdonarás al lugar por amor a los cincuenta justos que estén dentro de él? Lejos de ti el hacer tal, que hagas morir al justo con el impío, y que sea el justo tratado como el impío; nunca tal hagas. El Juez de toda la tierra, ¿no ha de hacer lo que es justo?*
>
> *Génesis 18:23-25*

Muchos creyentes no han entendido la verdad que para Abraham era tan obvia: que Dios nunca trataría a los justos de la misma manera que a los impíos. Es totalmente imposible que Nuestro Señor, Quien es Dios justo, hiciera descender sobre *los justos* Sus juicios contra la maldad. Abraham vio eso claramente.

Si algún juicio, en determinado momento, recae sobre los malignos, no debe alcanzarnos, siempre y cuando seamos creyentes en Jesucristo. No debe tocarnos a nosotros, que hemos sido hechos justos por la fe en Jesús, ni tampoco tiene por qué infundirnos temor. No corresponde a la justicia de Dios tratar a los justos de la misma manera que trata a los impíos.

Entonces, Abraham dijo: «Si hay solamente cincuenta justos en Sodoma, ¿no perdonarás al lugar por amor a los cincuenta justos?».

Dios estaba de acuerdo: «Si hallare en Sodoma cincuenta justos dentro de la ciudad, perdonaré a todo este lugar por amor a ellos».

Sin leer todos los versículos recordaremos que Abraham logra bajar esa cifra, primero a cuarenta y cinco, y luego de diez en diez.

«¿Qué de cuarenta?».

«No la destruiré por amor a los cuarenta».

«¿Y por treinta?».

«No lo haré por amor a los treinta».

«¿Y por veinte?».

«No la destruiré por amor a los veinte».

Finalmente Abraham eleva un último ruego: «Solo voy a hablar una vez más, Señor, Quizá se hallarán allí diez. ¿La perdonarás por amor a los diez?».

No sé cuántas personas vivían en Sodoma, pero me imagino que el tamaño de la ciudad era sustancial. También pienso que esa proporción (solo diez personas para salvar una metrópoli del mundo antiguo) seguiría siendo atractiva aún hoy. Diez justos en esa ciudad hubieran hecho que Dios retuviera Su juicio y apartara Su ira de allí.

¿Qué clase de personas debían contarse entre esos diez justos? De haberse encontrado allí, habrían sido «la sal de la tierra». Habrían sido diez pequeños granos de sal capaces de hacer aceptable a los ojos de Dios una ciudad entera, y así Él habría podido apartar Su ira y juicio. Esto es lo que significa ser *la sal de la tierra*.

Un punto focal

El profeta Eliseo es otro ejemplo de la influencia que puede ejercer una sola persona. El Segundo libro de Reyes nos cuenta que Eliseo estaba en la ciudad de Dotán, y el rey de Siria había enviado un ejército con muchos caballos y carros para aprisionarlo. El siervo de Eliseo se levantó temprano en la mañana cuando llegó el ejército de Siria. Al salir, vio un escenario aterrador.

Y se levantó de mañana y salió el que servía al varón de Dios, y he aquí el ejército que tenía sitiada la ciudad, con gente de a caballo y carros. Entonces su criado le dijo: ¡Ah señor mío! ¿qué haremos? Él le dijo: No tengas miedo, porque más son los que están con nosotros que los que están con ellos. Y oró Eliseo, y dijo: Te ruego, oh Jehová, que abras sus ojos para que vea. Entonces, Jehová abrió los ojos del criado, y miró; y he aquí que el monte estaba lleno de gente de a caballo, y de carros de fuego alrededorde Eliseo.

2 Reyes 6:15-17

Eliseo era un solo hombre, pero constituía el foco principal de todos los ejércitos de Dios para proteger a Su pueblo. Un solo hombre puede tener una relación con Dios capaz de hacer que Él movilice todas las fuerzas del cielo para cuidarlo. Como resultado, la gente a su alrededor también se beneficiará con Su protección. Si usted revisa con detenimiento el resto de la historia, la ciudad entera de Dotán fue librada, porque allí se encontraba una persona que conocía a Dios, comprometido en una relación correcta con Él.

El Salmo 106 es el mejor registro del trato de Dios con Israel, desde que estaba en Egipto hasta su llegada a la Tierra Prometida. Consiste, mayormente, en un memorial de las transgresiones de este pueblo y de sus fallas. A partir del versículo 20, el salmo relata el pecado de Israel al hacer un becerro de oro:

Así cambiaron su gloria por la imagen de un buey que come hierba. Olvidaron al Dios de su salvación, que había hecho grandezas en Egipto, maravillas en la tierra de Cam, cosas formidables sobre el Mar Rojo. Y trató de destruirlos, de no haberse interpuesto Moisés su escogido delante de él, a fin de apartar su indignación para que no los destruyese.

Salmo 106:20-23

Al leer la historia en Éxodo 32, vemos que, en efecto, Moisés se interpuso entre Dios y la destrucción total de la nación de Israel. Moisés es llamado *el escogido de Dios*, que es uno de los títulos que indica que contaba con Su favor.

¡El favor de Dios sobre Moisés cubrió las transgresiones de una nación entera!

Encontrar a un solo hombre

En Ezequiel, encontramos un cuadro diferente. Fue un tiempo de tremenda transgresión de parte de Israel, en el que Dios no pudo encontrar ni un hombre que se pusiera en la brecha a favor del pueblo para frenar Su ira. Ezequiel 22 termina con un diagnóstico de Dios acerca del mal que había contaminado cada rincón de la nación. «Hijo de hombre, di a ella: Tú no eres tierra limpia, ni rociada con lluvia en el día del furor» (versículo 24). Hemos visto que la lluvia tardía es la que limpia la tierra de la indignación de Dios. Cuando falta la lluvia, la tierra no se limpia.

Después, el Señor señala las diferentes personas involucradas en esta impiedad:

«Hay conjuración de sus profetas en medio de ella...» (versículo 25).

«Sus sacerdotes violaron mi ley...» (versículo 26).

«Sus príncipes en medio de ella son como lobos que arrebatan presa...» (versículo 27).

«Sus profetas... (están) ...adivinándoles mentira...» (versículo 28).

«El pueblo de la tierra... al afligido y menesteroso hacía violencia...» (versículo 29).

Los profetas, sacerdotes, príncipes y el pueblo se apartaron de Dios, en pecado y rebelión contra Él. El Señor concluye, a través del profeta: «Busqué entre ellos hombre que hiciese vallado y que se pusiese en la brecha delante de mí, a favor de la tierra, para que yo no la destruyese; y no lo hallé. Por tanto, derramé sobre ellos mi ira...» (versículos 30-31).

Notemos la expresión *por tanto* en la última frase. En otras palabras Dios está diciendo: «Si hubiera encontrado a un solo hombre, él habría cambiado la situación. Pero no había ni uno solo para hacer vallado y ponerse en la brecha delante de Mí».

Tristemente, observo que la situación actual es bastante similar en gran parte del mundo cristiano. Si Dios no encuentra personas, *al menos una* dispuesta a hacer vallado y pararse en la brecha, no hay manera de evitar el juicio de Dios.

Por causa de una sola persona

En el capítulo 27 del libro de los Hechos (Nuevo Testamento), leemos que Pablo, después de un juicio y su apelación a César, viaja en una nave rumbo a Roma. En medio del viaje, se levanta una tremenda tormenta. Durante catorce días y noches, los viajeros no ven ni el sol ni las estrellas, hasta el punto de perder toda esperanza de salvarse. Pero una noche, un ángel de Dios alcanza la nave y aparece a Pablo. El apóstol replica su mensaje a todos los viajeros: «...Esta noche ha estado conmigo el ángel de Dios de quien soy y a quien sirvo, diciendo: Pablo, no temas; es necesario que comparezcas ante César, y he aquí, Dios te ha concedido todos los que navegan contigo» (Hechos 27:23-24).

Hay dos cosas positivas que Pablo afirma de Dios: «de quien soy» y «a quien sirvo». Si usted puede decir lo mismo, tiene acceso ilimitado a las promesas de Dios, tal como lo tenía Pablo.

Toda persona en la nave iba a salvarse por causa de Pablo, porque él tenía que llegar a Roma. Satanás puede intentar impedir una obra, pero no que se cumpla el plan de Dios. Aunque el diablo es capaz de ocasionar el retraso de alguna actividad, siempre triunfará el plan del Señor. ¡Todo el cielo estaba comprometido con la llegada de Pablo a Roma!

Lucas, quien narra la historia, precisa: «Y éramos todas las personas en la nave doscientas setenta y seis» (Hechos 27:37). Aparte de Pablo, 275 personas fueron guardadas de la destrucción por la presencia de Pablo. El mismo principio todavía funciona hoy; ¡la presencia de verdaderos creyentes marca la diferencia!

Durante la Segunda Guerra Mundial, cuando serví como médico en el desierto del norte de África, pertenecía a la Ambulancia Lightfield. Nuestra unidad formaba parte de una división de vehículos blindados, pero este grupo era el único sin armas. Un desafío de servir en el desierto era el peligro de una tormenta de arena, que hacía imposible conocer nuestra ubicación—norte, sur, este u oeste. Como resultado, tampoco se sabía si uno estaba detrás de su propia línea de batalla o del lado enemigo.

Recuerdo un par de ocasiones en las que no sabíamos si estábamos al frente de nuestra línea o detrás. Así que nuestra pequeña unidad médica, compuesta por algunos camiones, se encontraba dando vueltas en el desierto, totalmente aislada—un triste escenario. Más de una vez, mis compañeros inconversos —en especial uno que acostumbraba a vociferar blasfemias—, se me acercaban para decirme: «Oficial Prince, nos alegra que estés aquí». Yo entendía exactamente lo que querían decirme: *«Nos sentimos más seguros con tu presencia entre nosotros»*. Recuerdo eso, no con el ánimo de jactarme. Sencillamente creo que así debe ser el testimonio de cada cristiano verdadero: él o ella deben marcar la diferencia con su sola presencia y lo que esta significa.

Permanecí en esa unidad durante dos años de continua actividad en el desierto, y no perdimos ni un solo hombre en acción. Considero que eso obedeció, en buena parte, a mi presencia. El lector puede tildar mis palabras de orgullosas, pero creo que todo eso ocurrió, sencillamente, porque yo era creyente, y porque esta misma herencia pertenece a *todo* creyente. ¡Lo que me impresiona de estos casos es que los incrédulos fueran más conscientes de la protección que les aportaba mi presencia que algunos creyentes! Tal vez los «incrédulos» no se convirtiesen en medio de esta situación, pero que fueran capaces de reconocer que la protección de Dios acompaña a los que creen en Él, dice mucho.

Los representantes del Señor

Terminemos este capítulo aplicando a nuestras vidas 2 Corintios 5:20, porción que resumen bien el rol que jugamos en el mundo, empezando por nuestro entorno más próximo: «Así que, somos embajadores en nombre de Cristo, como si Dios rogase por medio de nosotros; os rogamos en nombre de Cristo: Reconciliaos con Dios».

Como creyentes somos embajadores, autorizados para representar al cielo en tierra ajena. Hablamos a favor del gobierno del cielo, ¡y nos respalda la autoridad de los ejércitos del cielo! Nuestra situación es comparable con la del embajador que cumple su función en el país donde ha ido como delegado. Los embajadores hablan con la autoridad de sus gobiernos, y son respaldados por los recursos militares de los mismos. Mientras estemos en el mundo, somos mensajeros de reconciliación. Como representantes del cielo, rogamos al mundo: «Reconciliaos con Dios». Tomamos la vocería de Cristo como embajadores de paz.

Cuando una nación se propone declarar la guerra a otra, el último acto oficial de su gobierno es retirar a sus embajadores. De acuerdo con el protocolo, dicho gobierno no declararía una guerra dejando a sus embajadores en territorio enemigo. Personalmente, estoy convencido de que Dios «no declarará la guerra» contra la tierra hasta que Él haya retirado a Sus embajadores. Cuando lo haga, el mundo verá cosas aún más desconcertantes que las sucedidas en toda la historia.

Creo que cuando los embajadores de Dios hayan sido retirados, el mensaje de reconciliación ya no se ofrecerá más. En ese momento, ocurrirá la guerra final entre Dios y un mundo que ha rechazado a Cristo, guiado por el anticristo y la falsa iglesia llamada *la gran ramera*. Pero mientras estemos aquí todavía, tenemos funciones, responsabilidades y privilegios de embajadores. Somos representantes oficiales del gobierno del cielo en territorio ajeno. Cuando hablamos, proclamamos la voluntad de Dios con la autoridad que Él nos ha dado. Mientras sea tiempo de hacerlo, toda la autoridad del cielo nos respalda, cumpliendo nuestras palabras.

PREVENIR LA CORRUPCIÓN

Alo largo de este libro, hemos venido hablado de nuestras responsabilidades como cristianos, y de ser «sal en la tierra». La primera característica de la sal es añadir sabor. ¿Cómo es nuestro impacto en este sentido? Damos sabor al mundo a nuestro alrededor, haciendo que sea agradable al Señor.

El segundo atributo de la sal que la Iglesia debe manifestar es prevenir la corrupción. Hoy en día, el método más común para prevenir que la comida se pudra es la refrigeración. Antes, uno de los principales conservantes, especialmente para la carne, era la sal. Durante siglos, los marineros que hacían largos viajes usaban sal para conservar la carne. La sal frenaba el proceso de descomposición, permitiendo que la carne permaneciera en buen estado, conservándose útil durante todo el viaje.

Esto es exactamente lo que usted y yo debemos hacer: detener las fuerzas de corrupción hasta que los propósitos de Dios se hayan cumplido. La corrupción ya está operando en el mundo, y no podemos prevenirla del todo; pero podemos *contenerla* mientras «dure el viaje». Cuando se hayan cumplido los propósitos de Dios, y Él nos levante de la tierra, la corrupción se manifestará plenamente.

La apostasía

Aparte del libro de Apocalipsis, es probable que 2 Tesalonicenses, capítulo 2 contenga la declaración más explícita sobre la llegada del *anticristo*. Gran parte de este capítulo habla de un gobernador maligno que es inspirado y dirigido por Satanás. Pablo recuerda a los cristianos que el anticristo no puede manifestarse y cumplir el propósito de Satanás hasta que cierto evento ocurra: «Nadie os engañe en ninguna manera; porque no vendrá sin que antes venga la apostasía, y se manifieste el hombre de pecado, el hijo de perdición» (2 Tesalonicenses 2:3).

«El hombre de pecado» y «el hijo de perdición» son dos títulos del anticristo. Como vemos, el anticristo no puede revelarse hasta que primero ocurra «la apostasía». Pablo se refiere a una apostasía de la fe cristiana. El término en griego es *apostasia*, y siempre significa una desviación de la verdadera fe en Jesucristo. Mientras los creyentes mantengan la verdadera fe, el hombre de pecado no puede manifestarse. ¿Por qué? Porque los creyentes son la sal que impide la última etapa de la corrupción.

Ciertamente Satanás no ignora que este versículo está en la Biblia. Entiende que si él ha de revelar al anticristo, primero tiene que producir una apostasía dentro de la Iglesia. En otras palabras, la sal de la Iglesia tiene que perder su sabor y dejar de ser útil. Cuando la sal pierde su salinidad, deja de prevenir la corrupción. Así, se abre el camino para la manifestación del último gobernador maligno y emisario satánico.

Queda claro que una de las principales tácticas de Satanás para cumplir sus objetivos en el fin del siglo es apartar a los creyentes de la verdadera fe y fabricar la apostasía. En la última mitad del siglo veinte, surgió una apostasía dentro del cristianismo que podría denominarse un giro perturbador. Ahora, en la mayoría de las principales denominaciones protestantes, se admite la negación de los fundamentos de la fe cristiana. En realidad, dicha apostasía puede atribuirse a los seminarios teológicos. ¡En mi opinión, buena parte de ellos están produciendo apóstatas bien capacitados!

Años atrás, tuve el privilegio de asociarme con Dennis Bennett, un pionero de la renovación carismática y rector de la iglesia St. Lukes Episcopal Mission Church, en Seattle, Washington. Recuerdo lo que él dijo de su experiencia, cuando fue a prepararse en un seminario teológico en Chicago. Su primer profesor abrió su enseñanza declarando: «Quiero que entiendan desde el principio que soy ateo». ¡Esa fue la primera declaración de un profesor a sus estudiantes, quienes buscaban capacitarse en la teología cristiana!

Los seminarios han sido un instrumento clave para la destrucción de la fe de muchos hombres y mujeres que una vez tuvieron el deseo de servir a Cristo. He hablado con muchos pastores que estudiaron en un seminario; en forma casi unánime han confesado que lo más difícil era salir de ahí con su fe intacta. Otros me han contado cosas como: «Antes de poder servir a Cristo de forma eficaz, duré diez años desligándome de lo que el seminario me hizo». Trágicamente, muchos graduados de seminarios no pudieron mantener su fe.

No escribo esto con la intención de ser cruel o desagradable. Solo digo lo que creo la simple verdad. Detrás de esta «instrucción que promueve la apostasía», queda al descubierto la estrategia de Satanás de desviar de la fe a los creyentes. Él sabe que no puede cumplir sus propósitos hasta que esto ocurra. Tiene que darse una pérdida de fe que haga que la sal pierda su sabor, permitiendo así la corrupción total. En el mundo actual, esta es exactamente, la partitura que empieza a ejecutarse. La sal que ha perdido su sabor representa a los apóstatas, aquellos que abandonan su fe.

Bueno para nada

Veamos ahora qué pasa cuando la sal ha perdido su eficacia. Jesús, en el sermón del Monte, se dirige a los discípulos que confiesan su fe en Él: «Vosotros sois la sal de la tierra; pero si la sal se desvaneciere, ¿con qué será salada? No sirve más para nada, sino para ser echada fuera y hollada por los hombres» (Mateo 5:13).

Creo que difícilmente se puede decir de un individuo algo peor que: «Es un bueno para nada». Pero eso es justo lo que Jesús está diciendo de los «creyentes» que no creen. No sirven para nada, y su destino es ser echados fuera y pisoteados por los hombres. Notemos que cuando Jesús dice *hombres*, se refiere a la humanidad en sí. Con el paso del tiempo, la iglesia apóstata será pisoteada. La Iglesia en los Estados Unidos y gran parte de la cultura occidental prosigue su camino hacia la apostasía. Si Dios no interviene con un avivamiento, que conduzca al arrepentimiento y la restauración, ¡en pocos años los mismos cristianos se verán pisoteados, a un lado del camino!

Lo único que podría evitar esa tragedia es el regreso de la Iglesia a su verdadera fe. El actual mover del Espíritu Santo que tiene lugar en todo el mundo no es solamente un bonito juego religioso. Es la última invitación de Dios para recibir Su misericordia, y la gente debe entenderlo. No hay nada más triste que observar a creyentes supuestamente llenos del Espíritu Santo, tratando su experiencia como una simple entretención.

Ciertas experiencias en mi propia vida me han demostrado que debo tomar mi fe muy en serio, porque las fuerzas del enemigo hacen lo propio con su parte. Satanás tiene muy claro su propósito y está resuelto a destruirnos. Créame cuando le digo que él no está jugando.

No tenemos tiempo para juegos religiosos. La gente que entra en esta clase de distracciones corre el peligro de hallar su propia destrucción. Satanás está enfocado en acabar con nuestro espíritu, alma y cuerpo. Él intenta atormentarnos mental y físicamente, quebrantarnos y, una vez haya terminado con nosotros, echarnos a la basura como una naranja exprimida. ¡Si pretendemos levantar juegos religiosos delante de él, se reirá en nuestra cara!

Un brote de anarquía

Volvamos a Segunda de Tesalonicenses, donde las Escrituras nos hablan de la manifestación de este hombre de pecado: «Y ahora vosotros sabéis lo que lo detiene, a fin de que a su debido tiempo se manifieste. Porque ya está en acción el misterio de la iniquidad; solo que hay quien al presente lo detiene, hasta que él a su vez sea quitado de en medio» (2 Tesalonicenses 2:6-7).

Originalmente el griego dice, en forma literal: «Hasta que él (el que contiene) se vaya de en medio». No es una traducción elegante, pero ese es el sentido. En el versículo 6, Pablo escribe «*lo* que lo detiene», y en el versículo 7, «*quien* lo detiene». El elemento que contiene es a la vez «qué» y «quién».

Sé que hay diferentes opiniones al respecto, pero después de muchos años de meditación y de permitir que el Señor me hable, creo que en este pasaje se habla de la presencia del Espíritu Santo como una Persona dentro de la Iglesia de Jesucristo. Él es un «Quién» y un «Qué».

No me centro en esto por algún interés personal acerca del mover del Espíritu Santo en nuestros días, sino porque creo que tiene una tremenda importancia en la vida práctica. *La* influencia que detiene la última manifestación del Anticristo como gobernador mundial es la tercera Persona de la Trinidad. Es el Espíritu Santo en la Iglesia.

En el versículo 7, Pablo afirma: «Porque ya está en acción el misterio de la iniquidad…». La corrupción está presente, pero la sal la contiene hasta «finalizar el viaje». Vale la pena recordar que una función principal de la sal en la verdadera Iglesia es contener la corrupción hasta que los propósitos de Dios se hayan cumplido.

La anarquía es, de por sí, algo que caracteriza todos los aspectos de la cultura moderna. Cada día y noche, los noticieros presentan nuevos informes de un caos irracional. Obviamente una causa de este brote es la apostasía dentro de la Iglesia. La sal no está sirviendo.

Pareciera que en la cultura secular, existiese una conspiración para apoyar a los rebeldes y estorbar las fuerzas de la ley. Al observar las decisiones de la Corte Suprema de los Estados Unidos nos escandalizamos; pero Dios dice: «¡Miren cómo está la Iglesia!». En realidad, es *la anarquía en los hijos de Dios dentro de la Iglesia*, unida a la permisividad del pueblo de Dios (también dentro de la Iglesia), lo que ha abierto el camino a la anarquía y a la permisividad en la sociedad secular. Porque la sal no ha funcionado debidamente, el resultado es la condición actual del mundo. Dios no culpa a la Corte Suprema. En Su mira está la Iglesia.

Cuando la Iglesia se presta a la anarquía, cuando los hijos de Dios se portan como niños irrespetuosos y desobedientes, los hijos de la nación llegan a ser igualmente irrespetuosos y desobedientes. Lo que criticamos y resentimos por buena parte de la juventud moderna, es lo que Dios ve en la Iglesia, en Sus hijos. El espíritu de anarquía en la Iglesia permite que germine la apostasía de la verdadera fe y de los preceptos de Dios; y todo esto, a su vez, abre la puerta a la anarquía en la nación.

Si Mi pueblo

Nos resulta familiar el versículo de 2 Crónicas 7:14, donde Dios dice: «Si se humillare mi pueblo, sobre el cual mi nombre es invocado, y oraren, y buscaren mi rostro, y se convirtieren de sus malos caminos; entonces yo oiré desde los cielos, y perdonaré sus pecados, y sanaré su tierra».

Aquí, Dios no está hablando al inconverso; habla a Su propio pueblo, que tiene Su nombre. Habla a cristianos que llevan el nombre de Cristo. El pleito de Dios es con

Su pueblo. Si *Su pueblo* cumple Sus condiciones, Él sanará su tierra.

Si, por el contrario, el pueblo de Dios no acepta Su llamado, Él no puede sanar su tierra. *Nosotros* somos la sal de la tierra, y la condición de esta refleja la del pueblo de Dios. Mientras retengamos nuestra salinidad, cesamos de contener la corrupción que produce la anarquía en nuestra sociedad.

Lucas 17:26 es un versículo muy sencillo. En este pasaje, Jesús declara: «Como fue en los días de Noé, así también será en los días del Hijo del Hombre». En los capítulos anteriores, examinamos la condición del mundo en los días de Noé, y dos factores prominentes: la intervención sobrenatural satánica en el ámbito espiritual, y el colapso de la ética y la moral en el carácter del ser humano. La tierra estaba llena de violencia, pensamientos malignos y corrupción sexual.

También vimos que Dios contaba con Noé y su familia como una influencia positiva contra toda aquella maldad. Noé era un predicador de la justicia. Pero siete días antes de empezar el diluvio, Dios lo guardó a él y a su familia en el arca, y cerró la puerta. Cuando se retiró la influencia de Noé, que estaba conteniendo el mal, la iniquidad, la impiedad y la anarquía llegaron a su clímax. Después cayó el juicio.

Jesús dijo que lo mismo pasará al final del siglo. Los que representaban a Dios serán llevados; y por un corto tiempo, la anarquía alcanzará su clímax. Creo que eso no ocurrirá hasta que el pueblo de Dios haya sido retirado. ¿Por qué? Porque somos la sal de la tierra.

El Espíritu Santo llegó a la tierra como Persona en el día de Pentecostés, para formar el cuerpo de Cristo. Cuando este cuerpo esté completo, el Espíritu Santo volverá al cielo, y se llevará consigo al cuerpo de Cristo. Pienso que el día de Pentecostés sucedió un acontecimiento único en el mundo. La tercera Persona de la Trinidad de Dios llegó a residir personalmente aquí en la tierra, de la misma manera que Jesús, la segunda Persona de la Trinidad de Dios, moraba aquí antes, durante Su vida terrenal. Después, Jesús dijo que Él debía partir, pero que otra Persona llegaría a tomar Su lugar y quedarse con nosotros hasta el fin del siglo (ver Juan 14:16).

Quisiera compartir algo que he llegado a creer, y hace parte de mis convicciones. Sería absolutamente inconsistente con el carácter de Dios que la última manifestación del poder y autoridad de Satanás tuviera lugar *mientras* la tercera Persona de la Trinidad de Dios todavía reside aquí en la tierra. Habrá un corto tiempo después de que el Espíritu Santo haya cumplido Su ministerio y formado el cuerpo de Cristo; y entonces, a continuación, trasladará este cuerpo con Él, de la tierra al cielo. Cuando esto ocurra, por un período breve (no especulemos sobre días o años), la anarquía llegará a su plenitud. En este tiempo, el juicio de Dios será derramado sin contemplaciones, tal como llegó el diluvio en los días de Noé.

Mientras estemos aquí, seguimos siendo la sal de la tierra. Es una de nuestras principales responsabilidades contener la manifestación del anticristo y la consumación de la anarquía por medio de nuestros hechos y dichos, hasta que los propósitos de la gracia de Dios se hayan cumplido.

DERRIBANDO EL REINO DE SATANÁS

Hablando de nuestras responsabilidades de encaminar la Iglesia de Jesucristo al final del siglo, hemos explicado cómo debemos funcionar, a fin de contener las actividades de Satanás y toda su corrupción. En este capítulo, nuestro estudio se enfocará en la segunda misión que Jesús encomendó a Sus discípulos: derribar el reino de Satanás.

Como fundamento de lo que compartiremos en este capítulo, retomemos este conocido pasaje:

Porque no tenemos lucha contra sangre y carne, sino contra principados, contra potestades, contra los gobernadores de las tinieblas de este siglo, contra huestes espirituales de malda- den las regiones celestes.

Efesios 6:12

En nuestra condición de creyentes, estamos envueltos en una intensa lucha con gobernadores espirituales satánicos que operan en las regiones celestes. Esto no es resultado de un error o de alguna desobediencia *nuestra*. ¡Hace parte del programa de Dios para nosotros! Estamos comprometidos con esta lucha por el diseño y previo conocimiento del Dios Altísimo. Es importante que entendamos esto, porque de ahí se desprende una consecuencia lógica; si el plan de Dios para nosotros incluye esta lucha, entonces Él también nos proporciona los medios para conseguir la victoria. Dios nunca entregaría Su pueblo a un conflicto imposible de ganar. Por lo tanto, si la voluntad de Dios es involucrarnos en dicho conflicto, el resultado final para el pueblo de Dios debe ser una victoria contundente.

La mayoría de los cristianos se expresan como si tuvieran miedo del diablo. Pero en realidad, si estamos en una relación correcta con Dios, sin orgullo ni presunción, es el diablo el que debe temernos. Como enemigo vencido, Satanás tiene una sola táctica para ocultar el conocimiento de nuestra posición victoriosa. La táctica que él utiliza es *fanfarronear.*

Remover los bloqueos del camino

Estamos en una guerra. Como dijimos arriba, eso no sucede por algún error nuestro. Es parte del llamado y una función de la Iglesia. Miremos de nuevo 2 Corintios 10:3-4: «Pues aunque andamos en la carne, no militamos según la carne; porque las armas de nuestra milicia no son carnales, sino poderosas en Dios para la destrucción de fortalezas».

Mientras estudiaba la palabra *fortaleza,* encontré que uno de sus significados es: «bloqueo o impedimento en el camino». A menudo, cuando empezamos a avanzar en un nuevo campo de los propósitos de Dios, encontramos resistencia. (Recordemos que uno de los nombres de Satanás es «el que resiste»). La resistencia que hallamos por el camino es solo un bloqueo; nos corresponde quitarlo. Y como dice este versículo precisamente, hemos recibido las armas para hacerlo.

El hecho de recibir oposición de Satanás a lo que Dios nos muestra que hagamos debe verse como un cumplido. *Si lo que Dios le está guiando a hacer no tuviera importancia, el diablo no se molestaría en resistirlo.* En realidad, he encontrado que una manera de discernir la voluntad de Dios es observar si se levanta oposición de parte de Satanás, porque él siempre se opone a la voluntad de Dios.

¿Ha experimentado usted esto mientras Dios le está llevando a una área nueva de ministerio o servicio? Cuando uno recibe nuevas responsabilidades, puede parecer que todo el mundo se levanta en contra. Si nos sucede, como pasó con Job, que los vientos soplan simultáneamente de toda dirección, ¡podemos estar seguros de que estamos en la voluntad de Dios!

El Señor le ha dado todas las armas necesarias para quitar cualquier bloqueo que Satanás levante en su camino. No tenga miedo, ni vuelva atrás dando la espalda a la oposición. Dios ha provisto a cada creyente las armas y medios para mantenerlo protegido, pero la espalda está descubierta. ¿Cuál es la lección? ¡Nunca dar la espalda por temor al enemigo! Siga enfrentándole y marchando hacia adelante.

Se exige tener denuedo

Creo firmemente esto: Si usted es hijo o hija de Dios, tiene la facultad de decir, en mitad del camino «Diablo, apártate. Hay aquí un hijo de Dios. Tienes que quitarte de en medio». Esto es totalmente bíblico, porque es nuestro derecho y posición en Jesucristo. Creo que agradamos a Dios cuando entendemos este privilegio y lo usamos con denuedo y convicción. No creo que a Dios le alegren mucho las oraciones vacilantes que algunos elevan por lo general: «Oh Señor…por favor…si te parece…». Hay ciertas ocasiones en que verdaderamente se justifica llorar delante de Dios, clamando y suplicándole con insistencia. Pero muchas veces Dios recibe mayor honra cuando reconocemos nuestra posición en Cristo, creemos en la autoridad que nos dan las Escrituras, y actuamos con valor y denuedo.

Vemos un maravilloso ejemplo de este denuedo en el libro de Ester. Ahí leemos sobre la historia de Amán y su plan de exterminar a todos los judíos sometidos al exilio babilónico. Frente a la destrucción que amenazaba al pueblo judío, Mardoqueo entró en medio de la ciudad vestido de cilicio. Él mismo no tenía ningún acceso al rey Asuero; pero Ester sí. Ella se vistió con sus atuendos reales, y armada con su coraje y determinación, entró en la presencia del rey. Por su valentía, Ester cambió totalmente la situación.

Hay veces en que usted puede vestirse de cilicio. Pero una de las leyes del reino es no entrar en la presencia del Rey vestido de ropas viles. Si usted reconoce que es una reina (una esposa real), puede vestirse sus ropas hermosas y entrar en la corte del Rey con autoridad. El cetro de oro se le extenderá, y el Rey le dirá: «¿Cuál es tu petición?».

Dios se goza cuando utilizamos Su Palabra. Se regocija cuando creemos confiadamente lo que declaran Sus promesas, sobre todo en ausencia de evidencias, circunstancias, síntomas favorables o indicaciones naturales de que una situación nos es propicia. Dios quiere decir: «¡Sí! ¡Colabora conmigo! ¡Quiero compartir Mi Trono contigo! ¿Cuál es tu petición?». Todo padre de familia puede entender por qué una actitud semejante le agrada a Dios. No esperamos de nuestros hijos la obediencia temerosa de un empleado. Queremos que ellos crean en nuestra bondad, en nuestro amor por ellos, nuestra habilidad para sostenerlos, y nuestra fidelidad. ¿Cómo creer que Dios espera menos de parte nuestra?

Batallas en regiones celestes

Continuemos explorando el tema de las batallas que enfrentamos, ahora con otro cuadro de las Escrituras sobre la lucha en las regiones celestes.

Daniel se dedicó a buscar a Dios con ayuno y un corazón quebrantado durante tres semanas. «En aquellos días yo Daniel estuve afligido por espacio de tres semanas. No comí manjar delicado, ni entró en mi boca carne ni vino, ni me ungí con ungüento, hasta que se cumplieron las tres semanas» (Daniel 10:2-3). Después de buscar a Dios por veintiún días, la respuesta de Dios le llegó a través de una visita del ángel Gabriel.

> *Entonces me dijo: Daniel, no temas; porque desde el primer día que dispusiste tu corazón a entender y a humillarte en la presencia de tu Dios, fueron oídas tus palabras; y a causa de tus palabras yo he venido. Mas el príncipe del reino de Persia se me opuso durante veintiún días; pero he aquí Miguel, uno de los principales príncipes, vino para ayudarme, y quedé allí con los reyes de Persia.*
>
> *Daniel 10:12-13*

Desde el primer día que Daniel empezó a orar, su oración había sido oída; y el ángel fue enviado para darle la respuesta. Pero durante tres semanas, el ángel mensajero tuvo un retraso en las regiones celestes por la oposición de ángeles satánicos. Aunque parezca asombroso a la mente humana, fueron las oraciones de Daniel las que obraron la victoria para el ángel. Todas la Escritura confirma esta verdad.

Primero, debemos notar que la iniciativa tuvo lugar en la tierra, no en el cielo. Cuando Daniel empezó a orar, el cielo comenzó a moverse. En segundo término, el ángel no pudo vencer hasta que Daniel perseverara y venciera en oración. A Daniel le correspondió la parte crucial del conflicto. Gran parte del éxito en aquella situación dependió más de Daniel y sus oraciones en la tierra que de la lucha desplegada por los ángeles en las regiones celestes. Creo que este es un anticipo de cuál será nuestro escenario y de cómo estaremos involucrados en la batalla al fin del siglo.

El resultado final

En Apocalipsis, encontramos el resultado de la batalla angelical en las regiones celestes. Me he dado cuenta de que varias interpretaciones de este pasaje lo sitúan en el pasado, pero creo que este evento todavía está por suceder.

Después hubo una gran batalla en el cielo: Miguel y sus ángeles luchaban contra el dragón; y luchaban el dragón y sus ángeles; pero no prevalecieron, ni se halló ya lugar para ellos en el cielo. Y fue lanzado fuera el gran dragón, la serpiente antigua, que se llama diablo y Satanás, el cual engaña al mundo entero; fue arrojado a la tierra, y sus ángeles fueron arrojados con él.

Apocalipsis 12:7-9

Este acontecimiento ocurre cuando por primera vez Satanás pierde su lugar en los cielos. Hasta este momento, la sede de Satanás y sus huestes ha estado en lugares celestes. Como el evento narrado en este pasaje todavía no se ha dado, ellos todavía están en los cielos, haciendo sus acusaciones y resistiendo los propósitos de Dios desde allí.

Entonces oí una gran voz en el cielo, que decía: Ahora ha venido la salvación, el poder, y el reino de nuestro Dios, y la autoridad de su Cristo; porque ha sido lanzado fuera el acusador de nuestros hermanos, el que los acusaba delante de nuestro Dios día y noche. Y ellos le han vencido por medio de la sangre del Cordero y de la palabra del testimonio de ellos, y menospreciaron sus vidas hasta la muerte.

Apocalipsis 12:10-11

La autoridad de Cristo en los cielos se establecerá totalmente cuando Satanás haya sido lanzado fuera de allí. Como dijimos, esto está por cumplirse, en el futuro. Por ahora, Satanás todavía nos está acusando. *A nosotros*, que somos creyentes en Cristo. Pero es notable que el cumplimiento de la expulsión de Satanás de los cielos se atribuya a las acciones de los creyentes en la tierra. Los creyentes vencen a Satanás desde allí, con las armas que los ángeles no pueden utilizar: la sangre del Cordero y la palabra de su testimonio.

En realidad los ángeles no tienen testimonios; este tesoro pertenece a los pecadores. *Nosotros* vencemos a Satanás por la sangre del Cordero y la palabra de nuestro testimonio. En otras palabras, ¡esta expulsión definitiva de Satanás y sus ángeles de su lugar en los cielos es responsabilidad de los creyentes en la tierra! Nuestra participación en ello será el tema de los próximos capítulos.

Hay una fase final del conflicto espiritual que venimos explicando; la destrucción de las fuerzas de Satanás en la tierra. Este acto tiene como protagonista a Jesús, cuando Él regrese en Su gloria. Pero antes, por un tiempo corto, después de que Satanás sea echado fuera de los cielos, tendrá su sede en la tierra. Es durante dicho tiempo que continuará causando la mayor destrucción posible contra todos. ¿Por qué? Precisamente porque sabe que, en esos días, dispondrá de muy poco tiempo.

Después de este período difícil, Jesús volverá del cielo y tratará personalmente con Satanás y el anticristo: «Y entonces se manifestará aquel inicuo, a quien el Señor matará con el espíritu de su boca, y destruirá con el resplandor de su venida» (2 Tesalonicenses 2:8).

La victoria final de Jesús sobre Satanás no es el objeto de este estudio. Lo importante desde nuestro enfoque, es poder ver nuestra responsabilidad en esta época, que es contener las obras de Satanás, y facilitar su expulsión y la de sus ángeles de los cielos.

En vista de que estamos en esta guerra espiritual, *queramos o no*, tenemos que familiarizarnos con las armas que Dios nos ha provisto. ¿Cuáles son los recursos que hemos recibido para vencer el mal desde una responsabilidad personal? ¿Qué parte tendremos en la expulsión final de Satanás, según leemos en Apocalipsis 12? Empezaremos a responder esta pregunta en el siguiente capítulo.

24

LA SANGRE, LA PALABRA, Y NUESTRO TESTIMONIO

Hasta ahora hemos visto, a través de nuestro estudio, que el Señor Jesucristo encomendó a Sus discípulos dos responsabilidades especiales para el tiempo final. Primero, nos ha llamado a contener los planes de Satanás en la tierra, hasta el cumplimiento de los propósitos de Dios. Segundo, nos ha comisionado para expulsar de los cielos el reino del maligno.

Por medio de Su obra en la cruz, Jesús nos ha dado la autoridad de someter bajo nuestros pies a todos los representantes del reino de Satanás, y de vencer el poder del enemigo. Juntamente con esta tarea, Jesús nos hace esta hermosa promesa: «…Nada os dañará» (Lucas 10:19). En otras palabras: «No tengáis miedo. Creed en Mí y haced lo que os mando, y veréis Mi victoria cumplida en vuestras vidas».

Nuestras armas espirituales

¡Cómo no examinar las armas espirituales que Dios ha provisto para nuestra guerra espiritual! ¡Y más sabiendo que la victoria ya ha sido ganada por Jesús! Se trata de armas que garantizan una victoria total, cuando son usadas en fe. Dado que nuestra guerra es espiritual, nuestras armas también tienen que ser espirituales.

> *Pues aunque andamos en la carne, no militamos según la carne; porque las armas de nuestra milicia no son carnales, sino poderosas en Dios para la destrucción de fortalezas, derribando argumentos y toda altivez que se levanta contra el conocimiento de Dios, y llevando cautivo todo pensamiento a la obediencia a Cristo.*
>
> *2 Corintios 10:3-5*

Pablo explica que nuestras armas no son carnales. Esto implica que son espirituales. Y además, *sobrenaturalmente* poderosas, portadoras del mismo poder de Dios, de modo que logremos destruir las fortalezas de Satanás. Observemos esta declaración con detenimiento. La Biblia no dice que estemos en una posición defensiva; sino, en posición *de ataque*. No temblamos detrás de las paredes de una iglesia, preocupándonos por lo que Satanás nos pueda hacer. En lugar de eso, estamos dispuestos a avanzar, para destruir las fortalezas de Satanás. Donde el diablo levanta una fortaleza, un lugar alto, orgulloso, arrogante, que promueve su reino y sus pretensiones, ¡*ahí peleamos*! Podemos enfrentar cualquier esfuerzo del enemigo con las armas que Dios nos ha dado; y con ellas, destruir sus fortalezas.

Ya que nuestra guerra no se libra en el ámbito carnal o material, nuestras armas tampoco son carnales, ni materiales. No son escopetas, tanques o aviones de combate; hablamos de un arsenal de armas espirituales, apropiadas para una guerra espiritual. En el versículo cinco, Pablo afirma que es por medio de estas armas que podemos derribar toda altivez que se levanta contra el conocimiento de Dios. Esta es una asombrosa declaración, que tal vez releamos muchas veces sin apreciar sus ramificaciones en todo su esplendor. El reino de Satanás en los cielos abandera una altivez que se levanta por encima de cualquier otra cosa y se alza en contra del conocimiento de Dios.

Terminando el capítulo anterior, vimos en Apocalipsis 12 que, al final del siglo, se desarrollará un gran conflicto en los cielos. A partir del versículo siete y en los que le siguen, encontramos que habrá una guerra en los lugares celestes. Miguel y sus ángeles se opondrán al diablo y los suyos. Como resultado de este conflicto final, el diablo y sus ángeles serán arrojados a la tierra. Asombrosamente, el contundente poder que al final derriba a los ángeles satánicos de los lugares celestes es el de las armas espirituales usadas por los creyentes en la tierra.

Dios ha provisto muchas armas maravillosas, pero quiero enfocarme en las que considero más poderosas. No digo esto basado solamente en las Escrituras, sino también en mi experiencia personal. Prefiero ofrecer algo más que una teoría o posición teológica. Por eso comparto hechos reales que he podido comprobar en mi propia vida y ministerio.

La sangre y la palabra

Apocalipsis 12:11 enseña las armas espirituales que debemos utilizar: «Y ellos (los creyentes en la tierra) le (a Satanás) han vencido por medio de la sangre del Cordero y de la palabra del testimonio de ellos, y menospreciaron sus vidas hasta la muerte». El Cordero aquí es el mismo «…Cordero de Dios, que quita el pecado del mundo» (Juan 1:29): El Señor Jesucristo. La sangre, por lo tanto, es la *sangre de Jesús*. También tenemos el testimonio personal de los creyentes, que, como puede verse, está centrado en la Palabra de Dios.

He oído cómo mucha gente habla de «rociar la sangre» o que algo está «cubierto por la sangre». Pero en muchos casos, estas son solamente frases religiosas, sin ninguna aplicación práctica. Otras personas aún hablan de vencer a Satanás por la sangre del Cordero y la palabra de su testimonio. Eso suena bonito, y ciertamente es bíblico. ¿Pero cuál es su significado? Con el paso de los años, he meditado sobre este tema, llegando a concluir la siguiente declaración que, en mi opinión, ofrece una explicación correcta: *Tenemos que testificar personalmente de lo que la Palabra dice que la sangre nos hace.*

Testificar es un acto personal que activa esta verdad. *Si no testificamos, no habrá ningún* resultado. Nuestro testimonio personal es el acto que pone en marcha todo un proceso, y lleva a la derrota de Satanás. Creo que por eso muchas veces experimentamos una clase de oposición especial cuando empezamos a testificar. Es entonces cuando verdaderamente comenzamos a infligir daño en los planes de Satanás. El diablo no se molesta por cualquier cosa que uno pueda pensar. Él no se desgasta con eso. ¡Hasta que usted empieza a testificar de la Palabra de Dios! Cuando se pone a compartir, el enemigo buscará hacer todo lo que pueda para evitar que usted declare lo que dice la Palabra de Dios porque, al testificar, *usted hace que esas armas sean eficaces.*

El significado de *la sangre del Cordero* lo ilustra uno de los ejemplos más reconocidos del Antiguo Testamento. El primer pensamiento que viene a la mente de un judío cuando oye o lee las palabras *la sangre del Cordero*, está relacionado con la ceremonia anual de la Pascua, que conmemora la liberación de Israel de la esclavitud de Egipto. Creo que el tipo más poderoso de la sangre de Jesús y su poder es el sacrificio del cordero de la Pascua, emblema de libertad para Su pueblo.

El cordero de la Pascua

La liberación de Israel de la esclavitud dependía de aplicar la sangre de un cordero a sus casas. Éxodo 12:6-7 habla del cordero que cada padre de familia israelita tenía que usar para su hogar:

Y lo guardaréis hasta el día catorce de este mes, y lo inmolará toda la congregación del pueblo de Israel entre las dos tardes. Y tomarán de la sangre, y la pondrán en los dos postes y en el dintel de las casas en que lo han de comer.

El Señor explicó a los israelitas por qué era necesario hacerlo así:

Pues yo pasaré aquella noche por la tierra de Egipto, y heriré a todo primogénito en la tierra de Egipto, así de los hombres como de las bestias; y ejecutaré mis juicios en todos los dioses de Egipto. Yo Jehová. Y la sangre os será por señal en las casas donde vosotros estéis; y veré la sangre y pasaré de vosotros, y no habrá en vosotros plaga de mortandad cuando hiera la tierra de Egipto.

Éxodo 12:12-13

Moisés explicó detalladamente cómo debía aplicarse la sangre. Es obvio que cuando se mata un cordero, su sangre se derrama en la tierra. Este pasaje revela que, cuando sacrificaban al cordero, había que recoger la sangre con sumo cuidado en un recipiente para utilizarla después.

Y Moisés convocó a todos los ancianos de Israel, y les dijo: sacad y tomaos corderos por vuestras familias, y sacrificad la pascua. Y tomad un manojo de hisopo, y mojadlo en la sangre que estará en un lebrillo, y untad el dintel y los dos postes con la sangre que estará en el lebrillo; y ninguno de vosotros salga de las puertas de su casa hasta la mañana. Porque Jehová pasará hiriendo a los egipcios; y cuando vea la sangre en el dintel y en los dos postes, pasará Jehová aquella puerta, y no dejará entrar al heridor en vuestras casas para herir.

Éxodo 12:21-23

La palabra *pasar* en hebreo es la misma utilizada para referirse a la celebración de la Pascua. Se llama Pascua, porque el Señor *pasó* sobre las casas donde habían untado la sangre. Notemos que las personas no se salvaban por ser israelitas. Ser descendientes de Abraham tampoco los protegía. La única protección era cumplir con los requisitos sobre el uso de la sangre del cordero.

Cada padre de familia israelita tomó un cordero para su familia y lo sacrificó. Luego recogió su sangre en un lebrillo. En ese momento el sacrificio estaba completo y la sangre, disponible. Pero tener sangre en un lebrillo no protegía a ninguna familia israelita. Si el padre de familia se hubiera limitado a matar el cordero y recoger su sangre dejándola en el lebrillo, el mismo juicio que recayó sobre los egipcios los habría alcanzado a él y a los suyos.

Un traslado clave

Dios exigió que la sangre fuera trasladada del lebrillo al lugar más visible, el elemento estructural de frente al acceso de cada hogar israelita: el dintel y los postes a cada lado del marco de la puerta. Obsérvese que la sangre no se dejaba en el piso de la entrada, pues se exigía ponerla donde nunca pudiera ser pisada. Pasar por alto esto hubiera sido una señal de gran irrespeto (Hebreos 10:29).

Había que poner la sangre donde pudiera ser vista fácilmente por todo aquel que pasara. Dios dijo que cuando Él viera la sangre en el dintel y en los postes, pasaría de largo aquella puerta y no permitiría entrar al heridor.

Lo siguiente es la aplicación determinante para cada uno de nosotros: Solamente cuando la sangre del lebrillo fue trasladada a la puerta servía para proteger a la familia israelita dentro de esa casa. ¿Cómo aplicar este cuadro de la Pascua del Antiguo Testamento a nuestra guerra espiritual contra Satanás? Particularmente, ¿cómo podemos ejercer la autoridad que nos ha sido encomendada, mediante una utilización adecuada del poder que activa dicha sangre?

Antes de contestar estas preguntas, aclaremos algo: En el Nuevo Testamento, el cordero de la Pascua es una representación de Jesús, el Cordero de Dios. Todo lo que fue revelado en esta figura profética se cumplió en Jesús, el Cordero de Dios, con Su muerte en la cruz. Dos versículos explican esto. El primero está en Juan 1:29, donde se muestra que Juan el Bautista preparó el camino para Jesús: «El siguiente día vio Juan a Jesús que venía a él, y dijo: He aquí el Cordero de Dios, que quita el pecado del mundo».

Por revelación de Dios, Juan el Bautista indicó a la gente de su época que Jesús era el Cordero de Dios que iba a quitar el pecado del mundo. Cada israelita que oía la frase *el cordero de Dios* inmediatamente recordaba, por su trasfondo y tradiciones, el significado de la sagrada ceremonia del cordero de la Pascua.

El segundo versículo es 1 Corintios 5:7, donde Pablo escribe: «...Porque nuestra pascua, que es Cristo, ya fue sacrificada por nosotros». Es un hecho histórico. Cuando Jesús murió en la cruz, era el Cordero de Dios que quitaba el pecado del mundo. Era el Cordero Pascual que murió, y cuya sangre proveyó una protección completa y la victoria absoluta para todo el pueblo de Dios.

Esta aplicación es trascendental para cada uno de nosotros y debe ser personal: *Jesús ya fue sacrificado y Su sangre derramada a favor nuestro.* Retomando la imagen que nos ofrece la Pascua del Antiguo Testamento, la sangre *ya está* en el lebrillo y *disponible* para nosotros. Tal como la sangre en el lebrillo tenía que aplicarse en forma personal por cada hogar, eso mismo es cierto hoy para nosotros. El hecho de que Cristo murió y derramó Su sangre en la cruz tiene que ser aceptado y aplicado personalmente por cada creyente, por fe.

Aplicar la sangre

Por mandamiento de Dios, los israelitas tenían una sola manera de trasladar la sangre del lebrillo a la puerta de su hogar. Recibieron la instrucción de usar hojas de hisopo, una planta común en el Medio Oriente. Tenían que recoger un manojo de aquel arbusto, humedecerlo en la sangre del lebrillo, y untar la sangre en el dintel y los postes de su puerta. La sangre salía de las hojas del hisopo y se quedaba en el marco de la puerta.

Un principio similar del Nuevo Testamento se aplica a nosotros como creyentes. Creemos en Jesucristo como el Cordero de Dios. Creemos que Su sangre ha sido derramada por nosotros, y que todo lo que necesitamos está provisto por Su sangre. Pero si la sangre de Cristo se quedara «en el lebrillo», no alcanzaríamos todos sus beneficios. Estos se encuentran ahí, *reales*, con todo su potencial, pero la sabia guía de Dios exige una aplicación eficaz.

Bajo el Antiguo Pacto, el Señor indicó a los israelitas una sola manera de aplicar la sangre: tenían que trasladarla a través de un manojo de hisopo. Bajo el Nuevo Pacto, como creyentes, obviamente no usamos el hisopo. Entonces, ¿qué es lo que corresponde? ¿De qué manera podemos dejar que la sangre obre con todo su poder en nuestras vidas? La respuesta nos la da Apocalipsis 12:11 *Es la palabra de nuestro testimonio.* Cuando testifico de la sangre de Jesús, aplico la sangre a mi situación.

Mi testimonio sobre la sangre bajo el Nuevo Pacto, guarda una impresionante semejanza con lo que hacía el padre israelita del Antiguo Pacto cuando metía el manojo de hisopo en el lebrillo, y con él, «pintaba» los postes de su puerta. Hay una protección completa, total y perfecta en la sangre del Cordero, el Señor Jesucristo. Tenemos que aprender a testificar *personalmente* sobre lo que dice la Palabra de Dios acerca de *la obra redentora de la sangre de Jesús.* De otro modo, no podremos tener la plenitud de los beneficios de la sangre.

El testimonio es nuestro hisopo

Los puntos que acabo de compartir aquí, me los ha dado Dios a fin de revelar una de las verdades más preciosas, prácticas y eficaces en mi propia vida. *Para trasladar la sangre de Jesús al lugar donde necesitamos Su protección y victoria, no utilizamos el hisopo: utilizamos nuestro testimonio personal.* Bajo el Nuevo Pacto, nuestro testimonio reemplaza el hisopo del Antiguo. Traemos la sangre de Jesús a nuestras vidas cuando testificamos personalmente de lo que dice la Palabra de Dios sobre la obra de Su sangre en nosotros.

Cuando se utilizan juntas, estas tres armas consiguen una victoria total: la sangre del Cordero, la Palabra de Dios y nuestro testimonio personal en la voz del protagonista. La sangre del Cordero, desde que Jesús murió, siempre está en el lebrillo. La Palabra de Dios nunca cambia ni sufre alteración. El factor variable de esta operación, es nuestro testimonio.

Es muy sencillo: Nuestro testimonio equivale al hisopo. Es algo que está al alcance de todos y, al mismo tiempo, resulta indispensable. Sin el hisopo, la sangre del cordero Pascual no hacía nada para nadie. Estaba disponible pero, alejada del lugar donde debía verse, era ineficaz. Del mismo modo, bajo el Nuevo Pacto, la sangre de Cristo está disponible. Todo lo que pudiéramos necesitar ha sido provisto por la sangre y revelado en la Palabra. Es nuestro testimonio lo que la lleva a ser eficaz.

Estoy seguro de que el lector ahora puede ver por qué la batalla está centrada en su testimonio. En el momento que usted empieza a testificar, Satanás intentará todo lo que pueda en su contra para asustarle, cohibirle, o hacerle sentir vergüenza. Usará todo método a su alcance para evitar que usted comparta un testimonio claro, valiente, y bíblico. ¿Por qué? Porque cuando usted testifica en forma eficaz, el maligno no le puede tocar. De la misma forma que al heridor en el Antiguo Testamento no le fue permitido pasar donde fue puesta la sangre del cordero Pascual, su testimonio hace que Satanás ni se le acerque.

En los tiempos finales, sin duda, para poder vencer a Satanás testificando personalmente de lo que dice la Palabra sobre la sangre, es indispensable saber lo que declara *respecto a la sangre*. Tal será nuestro enfoque el resto de este libro.

LO QUE HACE LA SANGRE

En el capítulo anterior, nos centramos en el poder de nuestro testimonio y definimos la declaración que resulta clave para nuestra victoria, de acuerdo con Apocalipsis 12:11. Para vencer al enemigo, explicamos que, *«Tenemos que testificar personalmente sobre lo que dice la Palabra que la sangre hace en nosotros».* ¿Cómo podemos testificar de una verdad a menos que lo hayamos experimentado personalmente? En los últimos y breves capítulos de este libro, vamos a estudiar declaraciones específicas de las Escrituras sobre la obra de la sangre de Jesús en nosotros como creyentes. Además de examinar estas verdades, las vamos a poner en práctica, aprendiendo a declararlas como testimonio personal.

Redención

El primer versículo en que nos enfocaremos es Efesios 1:7: «…En quien (Jesús) tenemos redención por su sangre, el perdón de pecados según las riquezas de su gracia».

Para poder recibir estos beneficios, tenemos que estar «en Cristo», es decir ser verdaderos creyentes. Cuando estamos *en Cristo*, el primer beneficio es redención por su sangre. La palabra redimir significa «rescatar, pagar el precio del rescate». Cuando estábamos en manos del diablo le pertenecíamos a él; pero Jesús pagó el precio de nuestro rescate con Su sangre. Esto es confirmado en 1 Pedro 1:18-19.

Sabiendo que fuisteis rescatados de vuestra vana manera de vivir, la cual recibisteis de vuestros padres, no con cosas corruptibles, como oro o plata, sino con la sangre preciosa de Cristo, como de un cordero sin mancha y sin contaminación.

Cuando fuimos redimidos, significa *rescatados* de nuestra antigua (mala) manera de vivir. Fuimos rescatados de las garras de Satanás, de la condenación del pecado, y de permanecer expuestos a los ataques del devorador y destructor. Fuimos redimidos por la preciosa sangre de Jesucristo, el Cordero que llevó el pecado del mundo. Es solo por medio de Su sangre que somos redimidos; ningún otro rescate hubiera podido hacer tal cosa por nosotros. Frente a esta gran redención, el salmo 107:2 declara: «Díganlo los redimidos de Jehová, los que ha redimido del poder del enemigo».

En lo personal, sé bien qué es estar en manos del diablo. Lo estuve, antes de que Jesús tocara mi vida, y ya no tengo ninguna duda al respecto. Supe lo que es vivir en ese estado, y no quiero que se repita jamás. Sé también que fue la sangre de Jesús la que me redimió del diablo y me puso en manos del Buen Pastor. Y otra cosa más conozco ahora: Jesús dijo: «...Nadie las arrebatará de mi mano» (Juan 10:28).

El salmo 91 ha sido llamado «salmo atómico», porque es muy poderoso. Promete protección de toda clase de mal, del peligro y de cualquier daño. Tenemos protección contra todo ataque del enemigo, no importa su forma, procedencia, o temporalidad. Vemos esta verdad en sus dos primeros versículos: «El que habita al abrigo del Altísimo morará bajo la sombra del Omnipotente. Diré yo a Jehová: Esperanza mía, y castillo mío; mi Dios, en quien confiaré».

En hebreo, la palabra *morar* generalmente significa «pasar la noche», y se usa de manera frecuente con este sentido. El salmo nos indica que, durante las horas de oscuridad, el verdadero creyente estará bajo la sombra y protección del Altísimo.

Cuando el salmista afirma «*Diré*», está introduciendo la completa protección de los versículos siguientes. El testimonio que usted declarará empieza con: «*Diré*». Necesita proclamarlo para poseerlo. Es necesario mostrar cierta determinación para entrar en la protección que promete el Salmo 91. Pero solamente quienes lo pronuncien con esa misma intención tienen el derecho bíblico de vivir esa verdad. Es la palabra de nuestro testimonio la que lo vuelve eficaz.

Por lo tanto, este es nuestro testimonio, a la luz de Efesios 1:7 y Salmo 107:2

Por medio de la sangre de Jesús, soy redimido de la mano del diablo.

En este momento, deje de leer, y proclámelo con denuedo. Al hacer esto, usted está «aplicando la sangre a los dinteles de su casa».

El perdón

Volviendo a Efesios 1:7, encontramos otra declaración sobre la sangre: «…En quien tenemos redención por su sangre, *el perdón de pecados,* según las riquezas de su gracia» (énfasis del autor).

Además de ser redimidos por la sangre, también tenemos el perdón de nuestros pecados. Recordemos lo que Jesús dijo en la última cena, cuando dio a Sus discípulos la copa, el símbolo de Su sangre: «…Esto es mi sangre del nuevo pacto, que por muchos es derramada para remisión (perdón) de los pecados» (Mateo 26:28).

Hebreos 9:22 nos dice, «…sin derramamiento de sangre no se hace remisión (de pecados)». Este principio se reitera a lo largo de toda la Escritura. La sangre de Jesús fue derramada para que nuestros pecados pudieran ser perdonados.

Pablo liga estrechamente estas dos verdades en Efesios 1:7 *la redención por Su sangre* y *el perdón de pecados.* Es importante entender este punto, porque tenemos pleno derecho a la redención (hablando en términos legales), siempre y cuando nuestros pecados sean perdonados. Si todos nuestros pecados son perdonados, nos cubren por igual todos los derechos de la redención. Pero si hay pecado en nuestra vida que no ha sido confesado y perdonado, deja de cobijarnos en esa área la plenitud de los derechos legales de la redención.

He visto en acción la realidad de este principio muchas veces durante mi ministerio en el campo la liberación. Si Satanás, en términos legales, «tiene derecho» sobre la vida de una persona, no la cederá; hará valer su poder sobre ella. Uno puede gritarle, ayunar por una semana y orar fervientemente. Nada lo va a afectar, porque él sabe que *legalmente* tiene derecho sobre la persona que no ha recibido el perdón de pecado en esa área de su vida.

Otra acción muy común entre creyentes que legalmente permite a Satanás tener *derecho* sobre sus vidas, es no perdonar a otros. Jesús nos enseñó que Dios nos perdona en la misma medida que perdonemos a otros: «…Perdónanos nuestras deudas, como también nosotros perdonamos a nuestros deudores» (Mateo 6:12).

No tenemos derecho a pedir el perdón de Dios más allá de la medida de perdón que mostramos hacia otros. Por lo tanto, si hay una persona que no hemos perdonado, Dios tampoco nos perdona. En realidad, cuando rehusamos perdonar a otros, permitimos a Satanás tener otro derecho sobre nosotros. Haga lo que quiera, pero no podrá deshacer ese vínculo ni afectar al enemigo hasta que usted haya perdonado a la persona en cuestión. Recordemos eso del diablo: es experto en legalidad, y lo sabe. La Palabra de Dios, por otro lado, nos ofrece completo perdón de pecado, y es de suma importancia que nos aferremos a ese perdón total, por la fe.

A la luz de Efesios 1:7, si estoy dispuesto a confesar y renunciar a todo pecado, el proceso funciona. Si estoy dispuesto a perdonar a todas las personas que me han ofendido o herido (de la misma forma que espero que Dios me perdone), puedo proclamar, basado en ello, el siguiente testimonio:

Por medio de la sangre de Jesús, todos mis pecados son perdonados.

Cuando lo proclamamos en forma personal, con nuestros labios, este testimonio trabaja como el hisopo. Traslada la sangre desde el lebrillo hasta el lugar donde lo necesitamos, nuestra vida, nuestro propio corazón. Le animo a dejar de leer en este momento, y a declarar esto en voz alta. ¡Repítalo con denuedo y convicción!

Si usted ha hecho esta confesión, ha aplicado la obra de la sangre de Jesús a su vida en una forma práctica y bíblica. Aun en caso de que no sintiera nada, tenga la certeza de que algo ocurrió en el ámbito espiritual. Las fuerzas de Satanás tuvieron que retroceder ante el poder de la sangre de Jesús.

LA LIMPIEZA

Consideraremos ahora nuestra tercera declaración bíblica. La Palabra de Dios explica cómo la sangre de Jesús actúa en nosotros: «…Si andamos en luz, como él está en luz, tenemos comunión unos con otros, y la sangre de Jesucristo su Hijo nos limpia de todo pecado» (1 Juan 1:7).

Antes de examinar cómo se aplica la obra de la sangre en este pasaje, observemos de cerca estas tres prácticas que interactúan entre sí y que no deben considerarse por separado: Andar en luz, tener comunión unos con otros, y la limpieza a través de la sangre. En el transcurso de los años he conocido a decenas de personas que proclamaban haber recibido la limpieza y protección de la sangre, sin cumplir las condiciones que les habría permitido disfrutarlas.

La limpieza que viene por la sangre de Jesús es el resultado de una acción precedida por la palabra *«si»*. Dicho de otro modo, hay que cumplir un requisito *antes* de recibir la promesa. *Si* andamos en luz como Él está en luz, pasarán dos cosas: tendremos comunión unos con otros, y la sangre de Jesús nos limpiará de todo pecado.

Lógicamente, si no tenemos comunión unos con otros, se sabe que no estamos andando en la luz. Y por consiguiente, si no andamos en luz, no podemos declarar que hemos sido limpiados por la sangre de Jesús. Entonces, llegamos a esta conclusión: Si no estamos en comunión unos con otros, estamos *apartados* de la luz. Y si estamos apartados de la luz, la sangre de Jesús ya no nos está limpiando. *La sangre de Jesús solamente limpia en la luz.* Este es uno de los principios primordiales en la Palabra de Dios. ¡Tenemos que reconocerlo!

He oído hablar a varios cristianos que se engañan sobre su derecho de tener acceso a la sangre, por más que citen 1 Juan 1:7. Nunca cumplieron la condición que dependía del *si*: Tenemos que andar en luz como Él está en luz. La evidencia de que estamos obedeciendo es la comunión que compartimos unos con otros. Esta comunión es un lugar de luz, y, por lo tanto, un lugar que *pone a prueba*. Cuánto más íntima sea la comunión, más brilla la luz, hasta que ya no existen lugares escondidos o sombras oscuras; no hay mugre barrida debajo de la alfombra, ni nada que se le pretenda ocultar a Dios.

Es un lugar de temor reverente, y a la vez, se trata del único escenario donde la sangre de Jesús cumple plenamente su función de limpieza. Si usted desea una limpieza completa del pecado, esto ocurre en la luz. Si, por el contrario, no se encuentra bien alineado con Dios o con su vecino, se puede afirmar que no disfruta la plenitud de andar «*en luz*».

Venir a la luz significa confesar nuestros pecados y exponerlos ante Él (pues Dios es luz —ver 1 Juan 1:5). Para nosotros, es uno de los actos más difíciles de cumplir. Nuestra naturaleza rehúye este paso. Pero la verdad que aquí se nos revela es contundente: cuando el pecado está expuesto a la luz, desaparece, porque la sangre lo limpia. Si no lo llevamos a la luz, entonces lo estamos guardando. Este es un principio sumamente importante. La sangre actúa solamente en la luz.

Si cumplimos las condiciones antes expuestas, entonces usted y yo tenemos el derecho de proclamar el siguiente testimonio:

Al andar en luz, la sangre de Jesús me limpia de todo pecado, ahora mismo y continuamente.

Nunca deje por fuera esa sencilla palabra: *todo*. Es clave, especialmente cuando estamos hablando del pecado. No existe ningún pecado más allá del alcance de la sangre de Jesús, y eso incluye cada pecado individual. Cuando proclamamos nuestro testimonio con nuestros labios, es como si usáramos el hisopo. Trasladamos la sangre del lebrillo al lugar de necesidad, a nuestras vidas y corazones.

En este instante, le animo a dejar de leer, y a declarar una nueva frase en voz alta. Dígala con denuedo y convicción: *Al andar en luz, la sangre de Jesús me limpia de todo pecado, ahora mismo y continuamente.* Mediante esta confesión, usted ha aplicado la obra de la sangre de Jesús a su vida, en una forma personal y práctica.

Cuando usted hace esta confesión y cumple los requisitos precisados por el Señor, como ya vimos, el ambiente espiritual cambia. Se encuentra protegido(a) y limpio(a) de la contaminación espiritual de su entorno.

¿Por qué le he pedido que repita estas confesiones en cada etapa de nuestro estudio? Porque quiero que estas maravillosas verdades sean más que un conocimiento, o un material puramente intelectual que se «aprendió». Su eficacia en la vida depende de que sean utilizadas y practicadas cada día.

27

LA JUSTIFICACIÓN

Como hemos comprobado en capítulos anteriores, vencemos a Satanás cuando *testificamos personalmente sobre lo que dice la Palabra de Dios que es hecho en nosotros por la sangre de Jesús*. Una cuarta e importante provisión de la sangre de Jesús es nuestra *justificación*. Pablo, en Romanos 5:8-9, escribe a los creyentes en Roma: «Mas Dios muestra su amor para con nosotros, en que siendo aún pecadores, Cristo murió por nosotros. Pues mucho más, estando ya justificados en su sangre, por él seremos salvos de la ira».

Somos *justificados* por la sangre de Jesús. La palabra justificación es uno de los términos religiosos que mucha gente utiliza sin entender con exactitud su significado. A menudo no comprendemos lo que realmente nos dice, y hasta podemos sentirnos algo intimidados cuando tropezamos con él. Pero cuando en la Biblia leemos la palabra *justificado*, se puede sustituir por la expresión *justo*. Esto es cierto tanto en el hebreo del Antiguo Testamento como en el griego del Nuevo. Los traductores de la Biblia alternan el uso de *justificado* y *justo* según el contexto.

El significado

El problema con el uso de la palabra *justificado* es que la gente tiende a limitarla a transacciones legales. Pero *ser justificado* significa «ser hecho justo». Hemos sido hechos justos por la sangre de Jesús. Romanos 3:24-25 afirma: «Siendo justificados (hechos justos) gratuitamente por su gracia, mediante la redención que es en Cristo Jesús, a quien Dios puso como propiciación por medio de la fe en su sangre, para manifestar su justicia, a causa de haber pasado por alto, en su paciencia, los pecados pasados...». Me alegra el uso de la palabra *gratuitamente* en este versículo. El problema de la gente religiosa es que siempre está intentando *ganarse* el favor de Dios. Irónicamente, estas personas nunca consideran que hayan hecho lo suficiente como para obtenerlo. Nunca están satisfechas, ni pueden sentirse relajadas de verdad, porque todo el tiempo piensan que tienen que hacer un poco más para ser declaradas justas. Eso nunca funcionará, porque somos justificados solamente por medio de la sangre de Jesús.

Romanos 4:4-5 continúa desarrollando este tema: «Pero al que obra, no se le cuenta el salario como gracia, sino como deuda; mas al que no obra, sino cree en aquel que justifica al impío, su fe le es contada por justicia».

Si creemos que siempre hemos vivido correctamente y cumplido con nuestro deber, podemos pensar que Dios nos debe Su justicia como algo merecido. De hecho, Dios no le debe nada a nadie. Por eso Pablo dice «al que no obra».

El primer paso para obtener la justicia es *dejar de obrar.* Deje de intentar hacerse justo. Deje de intentar ser mejor. Deténgase. La justicia pertenece «Al que no obra». ¿Qué se debe hacer, entonces? ¡Solo creer! Así de sencillo. Si no fuera algo simple, nunca lo lograríamos. Dios hace justos a los injustos. Esto es lo que dicen las Escrituras, y tenemos que creerlo.

El intercambio

El hecho de que hayamos recibido ya la justicia de Dios es declarado por Pablo: «Al que no conoció pecado, por nosotros lo hizo pecado, para que nosotros fuésemos hechos justicia de Dios en él» (2 Corintios 5:21). Es un intercambio cabal. Jesús fue hecho pecado a causa de nuestros pecados, para que nosotros pudiéramos ser hechos justos con la justicia de Él. Su justicia nos es dada por la fe en Su sangre.

La justicia provee resultados obvios, inmediatos y definitivos. En realidad, toda nuestra forma de vivir—nuestra actitud, nuestras relaciones y la eficacia de nuestra vida y servicio—dependen del alcance de nuestro entendimiento sobre la justicia que Él nos da.

Proverbios 28:1 declara: «Huye el impío sin que nadie lo persiga; mas el justo está confiado como un león». Muchos cristianos hoy en día no son tan confiados como deberían. Se muestran tímidos, inseguros, y tienden a retirarse cuando son confrontados por lo malo o por el diablo. La razón, en varios casos, es su dificultad para entender que ya son justos a los ojos de Dios, tan justos como el mismo Señor Jesucristo. Cuando apreciamos y entendemos esta verdad, podemos tener Su determinación.

Isaías 32:17 nos promete: «Y el efecto de la justicia será paz; y la labor de la justicia, reposo y seguridad para siempre».

La justicia produce tres resultados: paz, reposo y seguridad. Cada uno llega con el entendimiento de que hemos sido hechos justos por medio de la justicia de Jesucristo. La justicia trae convicción, y con ella, paz, reposo y seguridad.

Para muchos, Romanos 14:17 es un versículo bien conocido: «Porque el reino de Dios no es comida ni bebida, sino justicia, paz y gozo en el Espíritu Santo».

Todos estos beneficios son fruto de la justicia. Si no recibimos la justicia de Cristo por la fe, entonces lucharemos en vano tratando de conseguir los demás beneficios. Es triste observar a cristianos que intentan ser felices, apacibles, seguros y relajados, solo porque alguien les dijo que *debían ser así*.

También he observado que, cuando un creyente felizmente alcanza la seguridad del perdón de pecados y la justicia que viene por la fe, estos resultados se manifiestan espontáneamente. El gozo fluye en forma natural, la paz sobreviene sin esfuerzo, hay seguridad, y el denuedo florece. Paradójicamente, el mayor reto a veces, es hacer que las personas entiendan que han sido hechas justas con la justicia de Jesucristo como si nunca hubieran pecado.

Una declaración positiva

Resulta irónico que muchas personas religiosas realmente crean que son más santas cuando se enfocan en su pecaminosidad. Eso refleja una actitud más cercana al legalismo porque, para ellas, si alguien dice que es justo, entonces «*es orgulloso*». Según este punto de vista, uno es más «piadoso» cuando constantemente habla de sus fracasos, inconsistencias y equivocaciones.

Crecí en una iglesia donde nos enseñaban precisamente esto. Cada domingo por la mañana teníamos que decir: «Perdónanos, a los miserables pecadores». Pero yo nunca sentía el deseo de ser un «miserable pecador». Cuando observaba a los *otros pecadores*, ¡ciertamente parecían ser miserables! Así que en principio me dije, «*Si lo único que la religión puede lograr es hacerme un miserable pecador, puedo ser un pecador sin religión, ¡y no tan miserable como ellos!*» Cuando llegué a esta conclusión, me convertí, de hecho, en un pecador sin religión.

Esa declaración que tanto odiaba es realmente el idioma de la religión: «*Perdónanos, a los miserables pecadores. Nosotros nos descarriamos de Tus caminos como ovejas perdidas; hemos cometido pecados que no debíamos haber contemplado; y dejamos de hacer las cosas que debíamos haber hecho. En nosotros no hay nada sano*».

No podría pronunciar estas palabras ahora, porque eso me convertiría en un hipócrita. Primero, creo que tengo salud sobrenatural por Jesucristo. Segundo, ¿cómo podría yo orar el lunes en la mañana por victoria contra el pecado, si seis días después, en la mañana del domingo, repetía la misma declaración? ¿Cómo podría ser victorioso repitiendo que había errado, me había descarriado, y cometido el pecado que no debía haber hecho? Esta forma de hablar, aunque suene bonita para algunos, socava totalmente las bases de mi fe. Puede que usted se escandalice al leer esto, pero hablo muy en serio. ¡Viví veinte años bajo esa clase de religión, y fue más que suficiente!

Vamos a conformar nuestro testimonio a lo que la Biblia dice, y no a lo que alguna institución humana enseña. Aquí está nuestro testimonio según la Palabra de Dios:

Por medio de la sangre de Jesús, soy justificado y hecho justo, como si nunca hubiera pecado.

No hay lugar para la culpa o la vergüenza en esta declaración. Una vez más, lo invito a dejar por un momento la lectura, y a declarar este testimonio de fe en sí mismo. Continúe realizando esta confesión hasta confirmar que está libre de toda culpa por sus pecados. La clase de justicia que he recibido por fe en la sangre de Jesús no permite la existencia de la culpa. Puedo estar delante de Dios sin vergüenza, sin mancha, y declarar a Satanás con plena convicción: «Satanás, tus acusaciones son en vano, porque no te enfrento con mi propia justicia, sino con la que he recibido por fe en la sangre de Jesús, la justicia de Dios que es sin arruga, sin pecado y sin mancha». ¡Éste es nuestro testimonio!

Hasta ahora, tenemos cuatro testimonios por medio de los cuales podemos vencer la obra del mal en nuestras vidas:

Por medio de la sangre de Jesús, soy redimido de la mano del diablo.

Por medio de la sangre de Jesús, todos mis pecados son perdonados.

Al andar en luz, la sangre de Jesús me limpia de todo pecado, ahora mismo y continuamente.

Por medio de la sangre de Jesús, soy justificado y hecho justo, como si nunca hubiera pecado.

Espero que empiece a entender que puede añadir lo que desee a su testimonio, con tal de que sea según las Escrituras. Por ejemplo: «Por medio de la sangre de Jesús, puedo triunfar sobre el diablo». Así que deje de leer un momento, lo invito a decirlo con convicción, seguro del triunfo en Su victoria: «Por medio de la sangre de Jesús, triunfo sobre el diablo». Ahora, alabe a Dios y dele gracias por lo que la sangre de Jesús ha hecho en usted. Descubrirá que nunca se cansará de agradecérselo, y que todo en Él es real.

LA SANTIFICACIÓN

El quinto beneficio de la sangre de Jesús es la *santificación*. Veremos dos versículos en Hebreos que explican el poder santificador de la sangre de Jesús. El primero es Hebreos 10:29, donde se habla del apóstata, una persona que se aparta de la fe cristiana después de haberla conocido, y que termina negando y rechazando al Señor Jesucristo. El autor enumera todas las cosas santas a las que el apóstata renuncia y que, de algún modo, ahora denigra.

¿Cuánto mayor castigo pensáis que merecerá el que pisoteare al Hijo de Dios, y tuviere por inmunda la sangre del pacto en la cual fue santificado, e hiciere afrenta al Espíritu de gracia?

Observemos que este versículo, así sea en sentido figurado, habla del acto de pisotear la sangre de Jesús. Recordemos nuestra referencia al evento de la Pascua, cuando la sangre fue colocada en el dintel y los postes de la puerta, pero no en el umbral, donde podía ser pisada. Debemos rechazar cualquier desprecio hacia la sangre de Jesús. El versículo llama la atención sobre la persona que había sido santificada por la sangre del Nuevo Pacto, pero que después retrocede. En este estudio, nuestro foco no está en la persona que incurre en apostasía, sino en la verdad de que somos santificados por la sangre del pacto.

Hebreos 13:12 explica esta misma verdad: «Por lo cual también Jesús, para santificar al pueblo mediante su propia sangre, padeció fuera de la puerta». Una vez más, vemos que la sangre de Jesús santifica al creyente. *Santificar* es otra palabra religiosa que puede malinterpretarse. La expresión *sanct* proviene de una raíz latina, relacionada directamente con la palabra *santo*. En el griego igualmente se traduce y significa *santo*. De ahí que *santificar* signifique «hacer santo». Quien es santificado ha sido hecho santo. El concepto de santidad, admite el sentido de ser *apartado para Dios*. Pero al igual que la justificación, la santificación no se consigue a través de buenas obras, esfuerzos personales, o por ser más religiosos. Viene por medio de la fe en la sangre de Jesús: «Jesús, para *santificar al pueblo mediante su propia sangre*, padeció fuera de la puerta».

Protegido por la sangre

La persona santificada está en una posición que le permite acceder a Dios, y que la deja por fuera del alcance del diablo. Ser santificado es estar separado del área de influencia de Satanás y sus obras. Usted está en un ámbito abierto a la influencia ilimitada del Señor, pero si el diablo pasa por ahí, usted *«no está en casa»*. Ser santificado es pertenecer a Dios, estar bajo Su poder, y con libre acceso a Su presencia. Lo que no viene de Dios no tiene derecho de acercársele. La sangre de Jesús lo mantiene distanciado y protegido del mal.

En este mismo sentido, Pablo escribe:

Con gozo dando gracias al Padre que nos hizo aptos para participar de la herencia de los santos en luz; el cual nos ha librado de la potestad de las tinieblas, y trasladado al reino de su amado Hijo.

Colosenses 1:12-13

En primer lugar, es claro que las tinieblas cuentan con cierto poder. Satanás tiene autoridad sobre el individuo rebelde, a causa de su desobediencia. Pero por medio de la fe en la sangre de Jesús, nosotros hemos sido alejados de la jurisdicción de Satanás y trasladados al reino de Dios y de Jesucristo.

La palabra *trasladar* significa «llevar de un lugar a otro». En las Escrituras, el término se utiliza para indicar un traslado total. Anteriormente, mencioné dos hombres del Antiguo Testamento que terminaron siendo trasladados de la tierra al cielo: Enoc y Elías. Ambos fueron traspuestos corporalmente. Lo único que Elías dejó atrás fue su manto; su cuerpo se fue con él.

Según mi comprensión de las Escrituras, esta es la verdad sobre lo que Dios nos ha provisto por medio de Cristo. No que *seremos* trasladados, sino que *ya hemos sido* trasladados a Su reino: espíritu, alma y cuerpo. Ya no estamos en el territorio del diablo ni bajo sus leyes. Estamos en el territorio del Hijo de Dios, y bajo las leyes de Él.

La ley del diablo se describe en Romanos 8:2: «…la ley del pecado y de la muerte». En cuanto a la ley del reino de Dios es identificada en el mismo versículo: «…La ley del Espíritu de vida en Cristo Jesús». El versículo explica cómo se relacionan: «…La ley del Espíritu de vida en

Cristo Jesús me ha librado de la ley del pecado y de la muerte».

Dado que hemos sido apartados para Dios, *no estamos en territorio del diablo ni bajo su ley del pecado y de la muerte*. Su reino ya no nos afecta porque *estamos en otro reino*. Hemos sido trasladados; en espíritu, alma y cuerpo, a Su reino. Somos santificados y apartados para Dios, por medio de la sangre de Jesús.

Apartados para Dios

Quiero retomar el modelo de la Pascua, y cómo la sangre del cordero de la Pascua santificó al pueblo de Israel, apartándolo para Dios de manera específica.

Dijo, pues, Moisés: Jehová ha dicho así: A la medianoche yo saldré por en medio de Egipto, y morirá todo primogénito en tierra de Egipto, desde el primogénito de Faraón que se sienta en su trono, hasta el primogénito de la sierva que está tras el molino, y todo primogénito de las bestias. Y habrá gran clamor por toda la tierra de Egipto, cual nunca hubo, ni jamás habrá. Pero contra todos los hijos de Israel, desde el hombre hasta la bestia, ni un perro moverá su lengua, para que sepáis que Jehová hace diferencia entre los egipcios y los israelitas.

Éxodo 11:4-7

Vemos que el Señor hizo diferencia entre Su pueblo y los que no eran Suyos. Ira y juicio cayeron sobre quienes no pertenecían al pueblo de Dios, pero este fue protegido a tal punto, que ni un perro podía ladrarles. La base de esta diferencia o separación, fue la sangre del cordero de la Pascua.

Y Moisés convocó a todos los ancianos de Israel, y les dijo: Sacad y tomaos corderos por vuestras familias, y sacrificad la pascua. Y tomad un manojo de hisopo, y mojadlo en la sangre que estará en un lebrillo, y untad el dintel y los dos postes con la sangre que estará en el lebrillo; y ninguno de vosotros salga de las puertas de su casa hasta la mañana. Porque Jehová pasará hiriendo a los egipcios; y cuando vea la sangre en el dintel y en los dos postes, pasará Jehová aquella puerta, y no dejará entrar al heridor en vuestras casas para herir.

Éxodo 12:21-23

La separación entre Israel y Egipto se cumplió por la sangre del cordero puesta en el exterior de sus viviendas. Toda casa marcada con la sangre era «santificada». Estaba apartada para Dios. Ningún poder del mal podía entrar en esa casa, porque por la aplicación de la sangre del cordero, el Señor había hecho diferencia entre Su pueblo y los que no lo eran.

De la misma manera que hemos declarado los otros aspectos de la sangre, vamos a pronunciar, en forma personal, el correspondiente testimonio:

Por medio de la sangre de Jesús, soy santificado, hecho santo, y apartado para Dios.

Ahora detenga su lectura un momento, y confiese esto con denuedo, en voz alta. Puede ser que, a pesar de todos sus esfuerzos, usted haya tenido problemas con la duda, pensando que nunca podría ser verdaderamente santo. Pero la verdadera santidad nunca viene por guardar reglas, esforzase más o intentar ser mejor persona. La santidad viene únicamente a través de la obra de la sangre de Jesús a nuestro favor. Tome el hisopo de su testimonio, métalo en la sangre, y ella obrará. Repita una vez más:

Por medio de la sangre de Jesús, soy santificado, hecho santo, y apartado para Dios.

Espero que esté empezando a ver el poder que ha sido puesto en nuestras manos cuando confesamos la verdad de lo que hace en nosotros la sangre. Repita con regularidad estas palabras: «El diablo no tiene cabida en mí, no tiene poder sobre mí, ni nada que reclamar contra mí. Todo ha sido arreglado por la sangre de Jesús». Al proclamar nuestro testimonio, el poder de la sangre es liberado en nuestro entorno, y las cosas empiezan a cambiar.

NUESTRO CUERPO FÍSICO

Respecto al cuerpo del creyente, me gustaría abordar el tema con mayor profundidad. Por experiencia personal, he aprendido que es en nuestro cuerpo físico donde empieza a operar realmente el poder de la sangre de Jesús. Las Escrituras declaran lo siguiente sobre el cuerpo del creyente:

> *¿O ignoráis que vuestro cuerpo es templo del Espíritu Santo, el cual está en vosotros, el cual tenéis de Dios, y que no sois vuestros? Porque habéis sido comprados por precio; glorificad, pues, a Dios en vuestro cuerpo y en vuestro espíritu, los cuales son de Dios.*
>
> *1 Corintios 6:19-20*

La frase *comprados por precio* nos remite de nuevo a nuestra redención. Hemos sido rescatados de manos del diablo por medio de la sangre de Jesús. ¿Hasta qué punto, o en qué medida hemos sido rescatados? No solo nuestro espíritu se ha beneficiado. Nuestro cuerpo pertenece a Dios *juntamente* con nuestro espíritu, porque con Su sangre Jesús pagó el precio completo de la redención. Por eso Pablo dice: «Glorificad a Dios» en el cuerpo y en el espíritu, porque ambos pertenecen a Dios, y son redimidos del dominio del diablo por la sangre de Jesús. Mi espíritu, alma y cuerpo ya no le pertenecen más a Satanás.

La propiedad de Dios

Debo aclarar que no creo tener todavía un cuerpo resucitado; obviamente es solo un cuerpo mortal. Pero cada fibra, cada célula y cada tejido de este cuerpo mortal es propiedad de Dios, y no del diablo. Por lo tanto, si el enemigo llega a este territorio, es un intruso. Si entiendo correctamente mis derechos en Jesús, puedo levantar un aviso que diga: «¡Prohibido el paso! ¡Aléjese!».

Legalmente, mi cuerpo no pertenece al diablo; solo a Jesús. Además, Jesús tiene un propósito especial para mi cuerpo: ser la residencia personal de la tercera Persona de la Trinidad, el Espíritu Santo. Así que mi cuerpo es sagrado, con la misión de estar disponible solo como habitación exclusiva del Espíritu Santo.

Las Escrituras afirman reiteradamente: «El Altísimo no habita en templos hechos por manos humanas» (Hechos 7:48; 1 Reyes 8:27; Hechos 17:24). Dios no habita en el santuario de una iglesia o de una sinagoga. Mora en un templo hecho con divina maestría, según Su propósito. Él habita en el cuerpo del creyente que es redimido por la sangre de Jesucristo. Pablo enseña: «Las viandas para el vientre, y el vientre para las viandas; pero tanto al uno como a las otras destruirá Dios. Pero el cuerpo no es para la fornicación, sino para el Señor, y el Señor para el cuerpo» (1 Corintios 6:13).

Nuestro cuerpo físico no fue diseñado para un uso inmoral o impío. Pablo habla de comida para el estómago, (y *estómagos para la comida)*. Nuestro cuerpo no es para la inmoralidad sexual ni tampoco para la glotonería.

Constantemente me asombra una frase de Proverbios: «El justo come hasta saciar su alma...» (Proverbios 13:25). La persona justa no come demasiado. ¿Por qué? Porque su cuerpo es el templo del Señor, y le corresponde no contaminarlo con la glotonería, borracheras, inmoralidad o cualquier otro uso indebido.

El cuerpo es para el Señor, y el Señor para el cuerpo. Cuando presento mi cuerpo al Señor, tengo los derechos del Señor para mi cuerpo. Si compro una casa, soy el responsable por su mantenimiento. Pero si vivo en una casa arrendada, el dueño es el responsable de mantenerla. Si usted solamente concede a Jesús un derecho parcial o temporal sobre su cuerpo, Él no acepta la responsabilidad de su mantenimiento. Pero si Él es su dueño, Él responde por todo. Esta es la clase de relación que Él quiere tener con nosotros. Mi cuerpo es templo del Espíritu Santo. «El cuerpo es para el Señor y el Señor para el cuerpo».

Verdaderamente libre

Este es el fundamento para nuestro testimonio final, y tiene que ver con nuestro cuerpo. En mi experiencia, he visto lo dinámico que puede ser este testimonio. A veces, durante un culto de liberación, la gente me dice: «Hermano Prince, ¿cómo puedo saber si soy realmente libre?».

Les contesto: «Una manera de averiguarlo es empezar a testificar lo que hace la sangre». Esta iniciativa no funcionará si el Espíritu Santo no está presente. De eso hablaremos más adelante. Cuando el poder del Espíritu Santo está en una reunión y las personas empiezan a testificar de lo que hace la sangre, les explico que todo lo que ofrece resistencia a la sangre es de Satanás. Si confiesa la obra de la sangre de Jesús en usted hasta que nada en su interior oponga resistencia, lo más seguro es que todo estará bien.

He comprobado este testimonio tras experimentarlo en mi propia vida. Cuando uno empieza a tratar con el cuerpo, increíbles cambios empiezan a ocurrir.

La siguiente es nuestra confesión sobre este tema en particular:

Mi cuerpo es templo del Espíritu Santo, redimido, limpiado, y santificado por la sangre de Jesús; el diablo no tiene cabida en mí, ni poder alguno sobre mí.

Puede ocurrir que sienta algo de miedo al decir esto, pensando que habrá una terrible retaliación al desafiar al diablo de esta manera. Si ocurre alguna manifestación, ¡no se preocupe! Es una clara señal de que usted ha lastimado al diablo. Siga declarando su testimonio, y cuando haya pasado toda perturbación, encontrará que su territorio es salvaguardado bajo su autoridad y control. Ahora, tome un momento para proclamar en voz alta la obra de la sangre de Jesús en su cuerpo físico.

Recuerdo la primera vez que empecé a pronunciar esta clase de testimonio. Pensé: *«Me preocupa cómo me atacará el diablo ahora»*. Conozco a personas que no testifican porque temen lo que les podría pasar después. Actuar de esta manera es dejar que el diablo mantenga el mando. Así, él puede evitar que usted dé el paso para librarse de su dominio.

De una vez, vamos a contrarrestar este engaño con la misma declaración que vimos antes en este capítulo:

Mi cuerpo es templo del Espíritu Santo, redimido, limpiado y santificado por la sangre de Jesús; el diablo no tiene cabida en mí, ni poder alguno sobre mí.

LA SANGRE HABLA EN EL CIELO

Como para cerrar con broche de oro, hay una preciosa y maravillosa verdad sobre la sangre de Jesús que podemos incluir en nuestro testimonio. Asombrosamente, en el pueblo de Dios, muchos ignoran por completo dicha verdad.

> *…Os habéis acercado al monte de Sion, a la ciudad del Dios vivo, Jerusalén la celestial, a la compañía de muchos millares de ángeles, a la congregación de los primogénitos que están inscritos en los cielos, a Dios el Juez de todos, a los espíritus de los justos hechos perfectos, a Jesús el Mediador del nuevo pacto, y a la sangre rociada que habla mejor que la de Abel.*

> *Hebreos 12:22-24*

En el monte de Sion, en el cielo, uno de los elementos presentes es la sangre de Jesús. Esta fue rociada en el Lugar Santísimo, delante de la misma presencia de Dios, a nuestro favor. Jesús, después de Su muerte en la cruz y su resurrección, entró en la presencia del Padre como nuestro precursor y representante, habiendo conseguido redención eterna por Su sangre. Cuando estuvo frente a Él, roció la evidencia de esta redención ante Su Padre, el Dios Altísimo. Esa sangre rociada «habló mejor que la de Abel».

Recordemos que, en el principio de la historia humana, Caín mató a su hermano Abel. Después intentó negar su responsabilidad delante del Señor. Pero Dios confrontó a Caín acerca de su negación y le reclamó: «¿Qué has hecho? La voz de la sangre de tu hermano clama a mí desde la tierra» (Génesis 4:10). En otras palabras, Dios le estaba abriendo los ojos: «De ninguna manera puedes esconder tu culpa, porque la sangre de tu hermano, que tú derramaste en tierra, Me llama a vengarla».

Notemos el profundo contraste entre el clamor por venganza de la sangre de Abel, y el significado de la sangre de Jesús rociada en el cielo. ¡No hay comparación! La sangre de Jesús no llama a la venganza; por el contrario, ¡pide la misericordia de Dios! ¡Y hace esto continuamente, ante Su misma presencia.

Al observar la abismal diferencia entre estas dos llamadas, quisiera que meditáramos en algo: Cuando hemos testificado de la sangre de Jesús, haciendo que esta poderosa realidad sea nuestro propio testimonio, se produce un impacto espiritual, que sigue obrando. *¿Por qué?* Es porque la sangre de Jesús se mantiene hablando continuamente, en favor nuestro, ante la misma presencia de Dios. Cada vez que usted se sienta atribulado, tentado, con miedo o angustiado, recuerde esta verdad. Nuestra siguiente confesión precisamente trata eso:

La sangre de Jesús, ahora mismo está hablando a mi favor delante de la presencia de Dios.

La única manera de recibir la plenitud de los beneficios de la sangre, es a través de la palabra de su testimonio. Si desencadena una fuerte reacción la primera vez que lo declara, dele gracias a Dios y continúe haciéndolo. El autor de Hebreos nos anima a retener la palabra de nuestra profesión. Además, cuando enfrentamos una gran oposición, se nos insta a mantenernos firmes, «sin fluctuar» (Hebreos10:23). ¡Hay que seguir proclamándola! Esto no depende de sus sentimientos, sus síntomas o circunstancias particulares. Su confesión, en realidad, es tan eternamente veraz como la misma Palabra de Dios. Esta verdad permanece, establecida por siempre en el cielo.

El agua y la sangre

¿Comprende ahora mejor, apreciado lector, la relación vital que existe entre nuestro testimonio de lo que dice la Palabra sobre la sangre y la operación del Espíritu Santo? No podemos dejar por fuera al Espíritu Santo. Cuando usted testifica de la sangre, está permitiendo la operación del Espíritu Santo. Primera de Juan 5:6 dice sobre Jesús: «Éste es Jesucristo, que vino mediante agua y sangre; no mediante agua solamente, sino mediante agua y sangre. Y el Espíritu es el que da testimonio; porque el Espíritu es la verdad».

Para abreviarlo, entiendo que *el agua* representa la Palabra de Dios. Jesús vino como el gran maestro de la Palabra de Dios, santificando y limpiando a la gente mediante el lavamiento del agua por la Palabra (Juan 15:3; 17:17; Efesios 5:26). Vino como el Gran Redentor, derramando

Su sangre como precio por la redención. Éstos son los aspectos principales de Su ministerio para rescatarnos: la redención por la sangre y la limpieza por el lavamiento del agua por la Palabra.

Jesús no vino solamente por la Palabra, o como maestro y nada más. Acudió en nuestra ayuda como Salvador, para dar Su vida como rescate por muchos. Efesios 5:26-27 habla de Su rol al ocuparse de nuestra limpieza: «(Vino) para santificarla, habiéndola purificado en el lavamiento del agua por la palabra, a fin de presentársela a sí mismo, una iglesia gloriosa, que no tuviese mancha ni arruga ni cosa semejante, sino que fuese santa y sin mancha».

Este es el doble ministerio de Jesús: por *el agua de la Palabra* y por *la sangre derramada para redención*.

Cuando unimos la Palabra y la sangre, el Espíritu de Dios da testimonio, porque el Espíritu *de verdad* nos guía a *toda la Verdad*. Cuando uno empieza a usar la Palabra y lo que dice de la sangre, el Espíritu actúa y da testimonio de la verdad. Sin el Espíritu Santo, esto se quedaría solamente en palabras religiosas. Uno puede usar un bonito lenguaje, con la doctrina correcta; pero no ocurrirá nada hasta que el Espíritu Santo dé testimonio. Cuando el Espíritu Santo testifica, el resultado es irresistible.

No existen reglas y estándares en la vida cristiana que garanticen que, si uno hace ciertas cosas, automáticamente habrá resultados. Nada funciona sin el Espíritu Santo; pero cuando se le incluye al Él en el testimonio sobre el agua y la sangre, hay convicción. De esta manera, las tres fuerzas eternas e inmutables obran a nuestro favor: la Palabra, la sangre y el Espíritu.

Quiero concluir esta enseñanza recordando una pequeña parábola de Eclesiastés 4:12: «...(El) cordón de tres dobleces no se rompe pronto». Cuando empezamos a testificar de lo que dice la Palabra sobre la obra de la sangre, el Espíritu llega y forma el cordón de tres dobleces: la Palabra, la sangre y el Espíritu Santo.

Al final de este libro, he incluido una página que contiene cada declaración testimonial de la obra de la sangre, desarrollada en los últimos capítulos. El lector puede remover esta página del libro y guardarla en su Biblia o fijarla a su cuaderno. Así le servirá como referencia y una manera útil de recordar lo que puede volver parte de su testimonio continuo.

Conclusión

Mi sincera oración es que su visión del conflicto espiritual haya sido ampliada y desafiada a través de lo que hemos estudiado en este libro. Como dije al comienzo, estamos en una batalla contra el mal, queramos o no. Tenemos solamente dos opciones: vencer al mal, o dejar que nos gane. Lo escrito aquí no ha tenido el ánimo de infundir temor en el lector o aprensión ante los temas tratados; todo lo contrario, mi único deseo ha sido ayudarle a entender la batalla en la que ya estamos involucrados, como individuos, y como parte del cuerpo de Cristo.

En este proceso, he querido animar al que está en Cristo y desea con sinceridad vivir a diario por Él; desde antes, ya constituye una fuerza del bien para contener el mal en su entorno. Adicionalmente, he buscado compartir verdades bíblicas sobre las armas espirituales que han demostrado ser eficaces en mi propia vida y ministerio, y en incontables experiencias de otros creyentes.

Como maestro de las Escrituras para el cuerpo de Cristo, mi meta, más allá de proporcionar a las personas conocimiento bíblico, siempre ha sido proveerles también una guía práctica para aplicar la verdad eficazmente en su vida diaria. Por lo ya expuesto, en los últimos capítulos del libro, he animado al lector a detenerse en diferentes puntos, para hacer una declaración personal como testimonio de la verdad. Puedo prometerle que, si pone en práctica estas proclamaciones en su vida continuamente, *verá cambios en su entendimiento espiritual y en su vida.*

Le animo además, como discípulo de Jesús, a pensar en el desafío que Dios le ha presentado. ¿Cómo ve su papel en la lucha contra el mal que se libra en su nación, ciudad, trabajo o familia? ¿Está dispuesto a comprometerse, a mantenerse firme, y a vencer el mal con el bien? Si es así, le invito a repetir la siguiente oración, o a pronunciar otra similar, con sus propias palabras:

Señor, gracias por librarme del dominio de las tinieblas y trasladarme al reino de Tu amor. Te agradezco que, por medio de la sangre de Jesús, ya he sido redimido, perdonado, limpiado, justificado, santificado y librado del poder de Satanás. Te agradezco por darme las armas necesarias, con las cuales, por el poder de Tu Espíritu Santo, puedo vencer lo malo en mi vida, y participar en la actividad de contener y derribar el reino de Satanás.

Me comprometo, a través de Tu Espíritu y Tu gracia, a vencer con el bien el mal, a vivir en la luz de Tu Palabra y confiar en Tu amor, en Tu Espíritu y en Tu fidelidad. Te agradezco por hacerme sal en un mundo caído y maligno;

que estés obrando en mí para contener los poderes de las tinieblas, y que traigas sanidad y salvación a una generación perdida, por medio de las armas que me has entregado.

En Tu nombre, Señor Jesús, derribo todos los impedimentos que se oponen a Tu verdad y a Tu victoria en mi vida y en la de quienes me acompañan. Creo que Tú, por medio de la sangre que derramaste en la cruz, derrotaste a Satanás y ganaste la victoria final a mi favor, lo cual repercute ahora mismo y por la eternidad.

Te doy gracias además por las victorias que me vas a dar, porque Tú eres fiel a Tu Palabra. En el nombre de Jesús, ¡amén!

PROCLAMACIÓN

Mi testimonio de la obra de la sangre de Jesús

Por medio de la sangre de Jesús, soy redimido de la mano del diablo.

Por medio de la sangre de Jesús, todos mis pecados son perdonados.

Al andar en luz, la sangre de Jesús me limpia de todo pecado, ahora mismo y continuamente.

Por medio de la sangre de Jesús, soy justificado y hecho justo, como si nunca hubiera pecado.

Por medio de la sangre de Jesús, soy santificado, hecho santo, y apartado para Dios.

Mi cuerpo es templo del Espíritu Santo, redimido, limpiado, santificado por la sangre de Jesús; así que el diablo no tiene cabida en mí, ni poder alguno.

La sangre de Jesús habla a mi favor delante de la presencia de Dios ahora mismo.

DEREK PRINCE

(1915-2003) nació en la India, de padres británicos. Se formó como erudito en griego y latín, en las universidades Eton College y King's College Cambridge, Inglaterra. Al graduarse, fue designado profesor de filosofía antigua y moderna en King's College. Continuó en Cambridge sus estudios en hebreo, arameo y lenguas modernas; y estudió en la Hebrew University, en Jerusalén. Durante su tiempo como estudiante, se consideró filósofo y autodescribió como agnóstico.

Integrante del British Medical Corps durante la Segunda Guerra Mundial, Derek empezó a estudiar la Biblia como una obra filosófica. Se convirtió a través de un poderoso encuentro con Jesucristo; pocos días después, recibió el bautismo en el Espíritu Santo. De este encuentro llegó a dos conclusiones: Que Jesucristo vive, y que la Biblia es un libro verdadero y relevante en nuestros días. Estos hallazgos cambiaron totalmente el curso de su vida, de modo que se dedicó al estudio y a la enseñanza de la Biblia como la Palabra de Dios.

Su sobresaliente don de explicar la Biblia y sus enseñanzas claras y sencillas, han ayudado a formar un fundamento de fe en millones de vidas. El énfasis de Derek, sin prejuicios ni barreras denominacionales, ha conducido a que sus enseñanzas sean relevantes y útiles para personas de todos los trasfondos religiosos y raciales.

Es autor de más de 80 libros, 600 enseñanzas en audio y 110 videos, varios de los cuales han sido traducidos a más de 100 idiomas. El programa radial de Derek, que empezó en 1979, ya se encuentra en árabe, bahasa (Indonesia), chino (amoy, cantonés, mandarín, shanghainés, shantou), croato, alemán, malagasi, mongol, ruso, samoano, español y tongano. Hoy en día, el programa radial continúa ministrando vidas en todo el mundo.

Derek Prince Ministries sigue alcanzando a creyentes en más de 140 países con las enseñanzas de Derek y cumple la comisión de continuar «hasta el regreso de Jesús». Esto es posible por medio de la labor de más de 45 oficinas de Derek Prince alrededor del mundo, incluyendo las oficinas principales en Australia, Canadá, China, Francia, Alemania, Holanda, Nueva Zelanda, Noruega, Rusia, Suráfrica, Suiza, Reino Unido y los Estados Unidos. Para información actualizada sobre estas y otras sedes, favor visitar www. derekprince.com.